# EL AMOR MAL PENSADO

Y cómo la psicología, la filosofía y la fe nos pueden ayudar a pensarlo bien

Enrique E. López Morales

# El amor mal pensado
Y cómo la psicología, la filosofía y la fe nos pueden ayudar a pensarlo bien

© Enrique E. López Morales, 2021

Todos los derechos reservados. Queda prohibido bajo las sanciones establecidas por las leyes escanear, reproducir parcial o totalmente esta obra por cualquier medio o procedimiento, así como la distribución de ejemplares mediante alquiler o préstamo público sin previa autorización.

Cuidado editorial: María Luisa Peña Díaz Cortés y María Fernanda Oyarvide Ibarrola

Diseño de interiores: María Luisa Peña Díaz Cortés

Diseño de portada: Shena Honey L. Pulido
Primera edición: febrero 2021

ISBN libro impreso: 978-1-7364352-0-5
ISBN libro electrónico: 978-1-7364352-1-2

A Dios nuestro Señor, quien me ha permitido experimentar ininterrumpidamente su infinito amor en cada instante de la existencia.

A mi esposa, a quien Dios pensó como mi compañera para que fuésemos uno en Él. Eres la más contundente confirmación de la perfección del amor que Dios me tiene.

A mis hijos, Teresa, María Paula, Isabel, Mariana y Pablo, como recordatorio de lo que decía san Agustín: "Ama y haz lo que quieras".

A mis padres, el primer rostro de incondicionalidad y de verdadero amor que conocí. Gracias por siempre creer en mí.

A cada uno de mis maestros, particularmente a aquellos que mostraban su vocación en una profunda pasión por enseñar. A Dios gracias porque he tenido muchos.

A quien lea este texto, total o parcialmente. Su interés en reflexionar en uno de los aspectos más esenciales de la existencia humana merece mi profundo respeto y admiración.

Agradezco de manera particular a la licenciada María Luisa Peña por el delicado trabajo editorial puesto en esta obra. De la misma forma, a los maestros en filosofía Mariana Riojas Garza y Julián Elizondo Reyes por su colaboración creativa y significativas aportaciones para la concepción y redacción del presente libro.

> Los cristianos no podemos renunciar a proponer el matrimonio con el fin de no contradecir la sensibilidad actual, para estar a la moda o por sentimientos de inferioridad frente al descalabro moral y humano. Estaríamos privando al mundo de los valores que podemos y debemos aportar.
>
> Papa Francisco en su carta encíclica *Amoris Laetitia*

> El desarrollo del amor hacia sus más altas cotas y su más íntima pureza conlleva el que ahora aspire a lo definitivo, y esto en un doble sentido: en cuanto implica exclusividad –solo esta persona– y en el sentido del "para siempre". El amor engloba la existencia entera y en todas sus dimensiones, incluido también el tiempo. No podría ser de otra manera, puesto que su promesa apunta a lo definitivo: el amor tiende a la eternidad. Ciertamente, el amor es "éxtasis", pero no en el sentido de arrebato momentáneo, sino como camino permanente, como un salir del yo cerrado en sí mismo hacia su liberación en la entrega de sí y, precisamente de este modo, hacia el reencuentro consigo mismo, más aún, hacia el descubrimiento de Dios: "El que pretenda guardarse su vida, la perderá; y el que la pierda, la recobrará" (Lc 17,33).
>
> Papa Benedicto XVI en su carta encíclica *Deus Caritas Est*

# Índice

Prólogo ..................................................................................................11

Prefacio ................................................................................................17

Introducción ........................................................................................19

   Tres sesgos en nuestras creencias ...............................................25

      Sesgo de autoconfirmación ......................................................26

      Sesgo de conformidad social ...................................................26

      El sesgo epocal: la posmodernidad ........................................ 28

Capítulo 1. Amor y enamoramiento ...............................................39

   ¿Por qué nos gusta / atrae alguien / o nos enamoramos de una persona? ............................................................................................ 48

      Nos enamoramos más de personas con quienes compartimos una percepción del mundo ........................................................ 48

      Nos enamoramos de manera más súbita en circunstancias atípicas a nuestra cotidianeidad ................................................ 50

      Nos enamoramos más de personas genéticamente distintas........... 51

   ¿Qué ocurre cuando nos enamoramos? ..................................... 53

   Ideas para reflexionar y poner en práctica ................................ 65

Capítulo 2. Prioridades mal pensadas ............................................67

   Por la gestión de la energía vital ................................................72

   Por la funcionalidad que otorga el que nuestra vida gire en torno al esposo o esposa ...............................................................74

   Por la naturaleza frágil del vínculo que supone el matrimonio ...............75

   Por el bien de tus hijos ..................................................................76

   Por compromiso ético ...................................................................79

Por una cuestión teológica ..................................................................... 81
Ideas para reflexionar y poner en práctica: ............................................ 82
Capítulo 3. Un noviazgo acertado ............................................................... 85
Ideas para reflexionar y comentar en pareja .......................................... 114
Capítulo 4. Mal pensar el afecto .................................................................. 117
Sobre las diferencias en la comunicación .............................................. 121
Sobre las diferencias en el afecto ........................................................... 127
Ideas para reflexionar y poner en práctica ............................................. 132
Capítulo 5. El afecto mal obtenido ............................................................... 133
Ideas para reflexionar y poner en práctica ............................................. 156
Capítulo 6. ¿Cuál es tu postura al interactuar en pareja? ........................ 157
La postura paranoide ................................................................................. 160
La postura depresiva .................................................................................. 164
La postura maníaca .................................................................................... 165
La postura nihilista ..................................................................................... 166
La postura realista ...................................................................................... 168
Ideas para reflexionar y poner en práctica ............................................. 171
Capítulo 7. Psicología positiva aplicada ..................................................... 173
El desarrollo integral y equilibrado es un mito ...................................... 178
Enfoque en nuestras fortalezas ................................................................ 180
Identificar nuestras fortalezas es todo menos sencillo ......................... 182
Fortalece tus fortalezas .............................................................................. 184
El principio heliotrópico ............................................................................ 185
Gratitud, perdón y compasión .................................................................. 187

Ideas para reflexionar y poner en práctica ................................................. 189

## Capítulo 8. La fractura ontológica ........................................................... 191

La concupiscencia de la carne ................................................................. 195

La concupiscencia del alma ..................................................................... 203

El matrimonio como sanación de la fractura ontológica ..................... 209

Sobre la posibilidad de resolver la fractura ontológica desde la laicidad ............................................................................................................ 211

Ideas para reflexionar y poner en práctica ............................................ 213

## Capítulo 9. La respuesta inadecuada ante el mal ................................. 215

Ideas para reflexionar y poner en práctica ............................................ 230

## Capítulo 10. Amor y fe ............................................................................... 233

¿Para qué? ................................................................................................... 235

¿Para qué te casas? Tres tipos de respuestas ...................................... 236

    Respuestas ingenuas ............................................................................ 238

    Respuestas pesimistas ........................................................................ 244

    Respuestas trascendentes .................................................................. 246

Ventajas prácticas de entender el matrimonio como una alianza o un para qué trascendente ............................................................................. 250

Ideas para reflexionar y poner en práctica ............................................ 255

## Epílogo ........................................................................................................... 257

# Prólogo

El amor lleva implícitas las cuatro dimensiones del ser: física, psicológica, social y espiritual. A través del cuerpo, el amado y el amante experimentan su mutua corporeidad activando sus sistemas sensoriales, endócrinos y nerviosos. Esta experiencia corpórea conlleva el sentido de supervivencia y de reproducción, que contribuye a la herencia genética de la humanidad, pues el hombre y la mujer están llamados a ser fecundos y multiplicarse (Gén 1,28). Es por esto que la atracción de los sexos es tanto una respuesta biológica como un llamado a cumplir con una encomienda intergeneracional que trasciende al individuo.

A través de su psique, el amado y el amante configuran memorias que a su vez dan forma a su experiencia de la realidad. Quien ama se conoce a sí mismo a través del acto de amar al otro, pues es en esta profunda e íntima experiencia donde uno descubre lo que con los demás cubre: la vulnerabilidad que conlleva la necesidad de vinculación emocional. Las carencias y satisfacciones de la infancia así como los anhelos y temores del mañana se hacen presentes en la relación con aquel que ama y quien le ama. En una relación así, uno explora no solo el presente, sino que reconstituye el pasado y elabora el porvenir. Sin embargo, esto sucede no desde un acto egoísta o de efecto psicoterapéutico donde uno utiliza al otro para su propio autoconocimiento, sino como una consecuencia paradójica por haber decidido desinteresadamente conocer al otro y aceptarlo no a pesar de su vulnerabilidad y necesidades emocionales no cubiertas, sino por encima de ellas. Como decía Viktor Frankl: "Nadie puede llegar a ser plenamente consciente de la esencia misma de otro ser humano a menos que lo ame", y lo mismo podríamos decir del autoconocimiento, pues nadie puede llegar a ser plenamente consciente de su propia esencia a menos que ame a otro.

Además de ser un animal físico y psicológico, el hombre es social, y esto le resulta inseparable de la forma en como experimenta la realidad; de ahí la necesidad de que quienes aman buscan expresárselo a los demás, ya sea a través de la creación artística, como lo hacen los compositores con sus versos y estrofas o como lo hacen los pintores inmortalizando la imagen de a quien han entregado el corazón, o bien a través de la formalización e institucionalidad de su relación con un acuerdo civil que los dota de una nueva identidad, ya sea la de novios o la de esposos.

Sin embargo, el hombre no solo experimenta la dimensión física, psicológica y social, sino que también está inmerso en la dimensión espiritual. Dios creó al hombre y a la mujer a su imagen y semejanza (Gén 1,27); de ahí que la unión entre los sexos conlleva la imprenta divina, pues es en la integración dimensional entre el varón y la mujer donde podemos ver la imagen de Dios en la Tierra. Tanto el hombre como la mujer se trascienden a sí mismos en una relación de amor, en un vínculo sagrado que les otorga sentido y significado y, aún más, los une permanentemente de tal forma que ya no son dos, sino uno (Gén 2,24). Lo que a él le hace crecer, a ella le hace el mismo bien y lo que a ella le hiere, a él le causa el mismo mal. A través de la dimensión espiritual del amor, el hombre y la mujer emulan a Dios, pues Dios es relación constituida por el Padre, el Hijo y el Espíritu Santo, pero Dios también es amante, como lo muestran las bodas del cordero (Ap 19,6-9; 21,9), donde Dios e Iglesia constituyen un matrimonio perfecto. Un modelo que debe imitar quien comprende que la dimensión espiritual es preeminente con respecto a las restantes dimensiones del ser.

Visto el amor desde estas cuatro dimensiones que obtienen su plenitud dentro del matrimonio cristiano, podemos comprender que no estamos ante algo superfluo, algo para tomarse a la ligera. Por el contrario, se requiere asumirlo con la mayor seriedad posible e incluso con un "temor divino", pues como bien lo dijo G. K. Chesterton: "El matrimonio es un duelo a muerte que ningún hombre de honor debería rechazar".

Desafortunadamente, no todos experimentan un amor constituido por las cuatro dimensiones mencionadas. Esto lo vemos de manera más clara en la crisis que se refleja en las estadísticas de matrimonio y divorcio año con año, donde se muestra que cada vez menos personas se casan. De acuerdo con el Centers for Disease Control and Prevention,[1] en los Estados Unidos de América, en el año 2000, 8.2 de cada 1000 personas se casaron; en cambio, en el 2018, solo 6.5 lo hicieron, el índice más bajo de su historia. Es verdad que el divorcio también ha disminuido, pues en el año 2000, 4.0 de cada 1000 personas se

---

[1] Centers for Disease Control and Prevention (2017). *National marriage and divorce rate trends for 2000-2018.* Recuperado el 16 de enero del 2021 de https://www.cdc.gov/nchs/nvss/marriage-divorce.htm?CDC_AA_refVal=https%3A%2F%2Fwww.cdc.gov%2Fnchs%2Fmardiv.htm

divorciaron; en cambio, en el 2008, 2.9 de cada 1000 personas lo hicieron. Aun así, en dicho país, ese número es de 782,038 personas que terminaron su matrimonio. Una dolorosa experiencia tanto para los adultos como para sus hijos.

¿Y a qué se debe que la generación actual no experimenta un amor constituido por las cuatro dimensiones mencionadas y no busca el matrimonio como antes? Pues bien, la respuesta es compleja y multivariable, por lo que es deseable evitar los reduccionismos o explicaciones simplistas, y eso lo sabe bien el Dr. Enrique López, quien en el libro que el lector tiene en sus manos, lo invita a reflexionar sobre la diferencia entre el enamoramiento y el amor, las distintas formas de amor, la visión filosófica de nuestro tiempo, la brújula ética del individuo y de la sociedad, así como las reacciones psicofisiológicas que inevitablemente condicionan nuestra experiencia con el otro. Además, el Dr. López enfatiza acertadamente los pensamientos y las creencias que los individuos tenemos sobre qué es el amor, el noviazgo y el matrimonio.

Como bien lo señaló el gran emperador y filósofo romano Marco Aurelio: "Tu mente tomará la forma de lo que frecuentemente piensas, porque el espíritu humano está coloreado por tales impresiones". Este aforismo es especialmente relevante al comprender la experiencia amorosa que los individuos tenemos, y, por lo tanto, valdría preguntarse lo siguiente: ¿qué es el amor?, ¿cuál es la diferencia entre amor y enamoramiento?, ¿cómo puedo saber que realmente amo a mi pareja y no que estoy buscando una gratificación egoísta?, ¿cuáles son las fuentes y experiencias que alimentan mi concepto de amor?, ¿es mi visión de amor realista y enfocada al otro o es idealizada y enfocada a mis deseos? En corto, ¿tengo al amor mal pensado o bien pensado?

Estas y otras preguntas encontrarán respuestas en el valioso texto que el Dr. López nos ofrece. Puedo asegurarle que su lectura será altamente inquietante y estimulante. Inquietante porque le hará cuestionarse sus creencias y su comportamiento ante la persona que usted cree amar. Estimulante porque le provocará un deseo de vivir el amor de una manera más auténtica y, hasta cierto punto, a contracorriente, pero sobre todo desde una visión realista que apunta hacia la trascendencia.

En este libro, el lector aprenderá a pensar el amor correctamente; a verlo como un ejercicio en contra del egoísmo, como una entrega al otro. Además, encontrará una mayor comprensión de las cuatro dimensiones del ser y su implicación en el amor. Jóvenes o mayores, solteros o casados, e incluso quienes han experimentado el desamor o el dolor del divorcio, se beneficiarán de la lectura de este gran libro, cuyo efecto puede ser intergeneracional, ya que si las parejas aprenden a pensar el amor correctamente, transmitirán este pensamiento a sus hijos; estos, a los suyos, y así sucesivamente. Visto desde esta perspectiva, amar bien y genuinamente se convierte en una labor trascendental a favor de toda la humanidad y no solo de la pareja.

Dr. Mario Guzmán Sescosse<br>
Profesor de Psicología en Trinty Christian College<br>
Chicago, Illinois, EUA

# Prefacio

Mucho se ha escrito ya sobre el amor, un concepto que me recuerda en cierto sentido al *Quijote*, que, como decía Borges, es un texto del que todos tenemos la sensación de haberlo leído. Análogamente, el concepto de amor nos resulta en cierto sentido tan familiar, tan íntimo, que no parece necesario un texto más para analizarlo, y menos aún, un esfuerzo conceptual multidisciplinario para cuestionar nuestro actual entendimiento acerca de él.

Tras haberme graduado de la carrera de Psicología en mi natal México, encontré una suerte de gusto, vocación e interés apostólico en colaborar con parejas y acompañarlas en el plenificante camino del matrimonio. En pocas ocasiones este acompañamiento u orientación ocurre en situaciones evolutivas o preventivas, en las que, de manera proactiva, los miembros de la pareja buscan mejorar su forma de entender y vivir la complejidad de la relación afectiva. En la mayoría de las ocasiones, más bien, su visita al terapeuta es una respuesta reactiva y casi siempre tardía, en la cual la relación se encuentra profundamente deteriorada y el esfuerzo necesario para reconfigurarla es considerable.

Es, pues, en gran medida, el objetivo de este texto compartir lo que, en casi veinte años de acompañar de una u otra forma el sufrimiento humano en el contexto de las relaciones afectivas, he aprendido sobre el origen último de los conflictos y desavenencias que derivan inexorablemente en rupturas dolorosas y de consecuencias dramáticas. Desde luego, mi aproximación no es solo desde una perspectiva que describa el origen de los errores, sino que, además, propone una visión, fundamentada en una perspectiva funcional, propia de la psicología contemporánea, con una visión trascendente, fruto de una serie de reflexiones que he realizado a lo largo de los años, ilustradas por la filosofía perenne y la teología moral católica.

En las líneas de este texto, el lector podrá percibir un esfuerzo por hacer accesible y hasta un poco divertido el contenido, con un interés en realizar una integración tanto descriptiva como prescriptiva sobre el amor. Esto es, busco contestar qué es el amor, cómo funciona, cómo funcionamos y, también, cómo deberíamos funcionar. Considero que el entendimiento humano se da justo cuando somos capaces de comprender por qué sentimos, pensamos y actuamos como lo hacemos y, también, cuando tenemos claridad sobre qué conviene de cara a nuestra naturaleza y fin último.

Por ello, el lector encontrará constantemente referencias tanto a artículos científicos contemporáneos del mundo psicológico y sociológico, así como a obras de los grandes y perennes filósofos de la ética del carácter con unas ciertas pinceladas de teología moral católica. Debo advertir, sin embargo, que el lugar que ocupa la doctrina de la Iglesia sobre la familia en este texto es un destino y no una premisa; esto es, no pretendo que el libro asuma una posición dogmática de inicio, sino que facilite la comprensión sobre el amor humano, justamente abriéndolo a lo más esencial que nos distingue: nuestra espiritualidad y hambre de absoluto.

# Introducción

En la vida, nuestros resultados derivan de la manera en que nos conducimos y comportamos. Y en gran medida actuamos de una determinada forma debido a las cosas que creemos firmemente.

Es cierto que el origen de los problemas de una relación de pareja es multicausal. Sin embargo, el enfoque de este libro surge porque me atrevo a afirmar que el enemigo más peligroso del amor, de las relaciones de pareja y del matrimonio radica en el interior de cada uno de nosotros, en un elemento difícil de modificar justamente por su naturaleza. Me refiero a nuestro sistema de creencias, que, peligrosamente, una vez instalado, tiende a autoperpetuarse.

Nuestras creencias, que, técnicamente hablando, son estructuras lingüísticas basadas en la generalización de situaciones, tales como "los hombres son x-y-z", "las mujeres son x-y-z", "un buen noviazgo es x-y-z", "hay que vivir con alguien para conocerlo bien", "los jóvenes deben tener experiencia amorosa antes de casarse" y un largo etcétera, constituyen una especie de brújula que, ciertamente, resulta necesaria para poder operar en el mundo.

Debo aclarar que en muchas ocasiones lo que pensamos no solo es una creencia, sino una precisa adaptación entre nuestro entender y la realidad. Decir "debo tomar agua para estar hidratado" no solo tiene una estructura de creencia; también hay evidencia científica de su veracidad. En este sentido, la educación tiene como objetivo esencial trascender el mundo de la creencia subjetiva, socialmente construida, para poder acceder a verdades objetivas.

Paradójicamente, para cuestiones esenciales sobre la felicidad humana, tal como la relación de pareja, somos autodidactas más de lo que debiésemos. Aunque existen programas formales sobre constitución de matrimonios y familias, y muchos son de gran calidad científica, filosófica y aun teológica, en el contexto de la educación formal estos son menos relevantes que los programas del mundo externo: desarrollo profesional, tecnológico, industrial, social y de negocios.

Para el lector avezado en filosofía, presento este pequeño párrafo para aseverar que considero justa la honestidad intelectual y afirmar que mis premisas epistemológicas para efectos de este texto son el realismo moderado y la hermenéutica analógica. Esto significa que creo que podemos alcanzar verdades objetivas y hasta cierto punto, universales. Moderado, porque también creo que existen muchos elementos de nuestro diario vivir que en su forma son construidos a partir de convencionalismos sociales, y también creo que, al descubrirnos desde el punto de vista de las ciencias biológicas y sociales, obtenemos referencias para prescribir qué es lo mejor para nosotros tomando en cuenta nuestra naturaleza y condición humana.

Ahora bien, ¿de dónde le viene lo "mal pensado" al amor?

1. En primera instancia, le viene de la falta de reflexión, propia de nuestra cultura inmediatista, la cual desea experimentar el placer e incluso el amor –como sea que lo entienda– ya, instantáneamente. Esto en sí mismo se contradice con la posibilidad de pensarlo bien.

2. En cierto sentido, diría, muy sesgado por residir en los Estados Unidos de América, que "Roma triunfó sobre Grecia". Es decir, que estamos en una época en la que el pragmatismo y la técnica, como lo que distinguió a los romanos de la antigüedad, han logrado una superioridad cultural por sobre la Grecia reflexiva de los filósofos. Estamos en una época que no nos impulsa al ocio, sino al negocio, a la acción, y poco a la reflexión. Vivimos en una época caracterizada por el hacer y la eficiencia, poco sellada por la profundidad de pensamiento sobre el para qué de nuestras acciones. Buena muestra de ello es cómo se ha disminuido nuestro *span* de atención, esto es, el tiempo que podemos dedicar a un objetivo o tarea sin distracciones. Por ello abundan los artículos intitulados "Tres claves para un matrimonio de 100", "Cinco cosas para reavivar la llama del amor", "Lo que ellas realmente quieren" y un largo etcétera.

3. Pero, también, lo "mal pensado" le viene al amor del hecho de que, como bien afirman muchas teorías en psicología, aprendemos inconscientemente sobre este tema en los primeros años de la vida a través de la familia, y en la adolescencia, por medio del entorno social. A través del lenguaje explícito e implícito, nuestros padres, hermanos, maestros, compañeros de escuela y otras personas nos han marcado más o menos de forma "clara" qué es el amor, qué es sentir ese amor, qué es un chico atractivo o una chica atractiva, en qué me debo fijar para aceptar una relación o propiciarla, cómo experimentar el impulso sexual, o, en términos generales, de qué va el amor.

4. Todo lo anterior, amplificado por el hecho de la hiperconectividad que nos brindan las redes sociales, las cuales, como es bien sabido, están diseñadas algorítmicamente para reforzar nuestro círculo hermenéutico, es decir, para mostrarnos temas e información congruentes con nuestras creencias y cosmovisión, lo cual es un reflejo aumentado de lo que ocurre con nuestros sesgos internos, como el de confirmación: vemos, sentimos y escuchamos más lo que refuerza nuestras creencias, mientras que desechamos o ignoramos lo que las cuestiona, confronta o simplemente difiere de ellas.

5. Lo que típicamente llamamos el sentido común respecto al amor es común en nuestro grupo social, real o virtual. Nada más peligroso que una creencia falsa reforzada por "todo el mundo", el cual, en realidad, es nuestro entorno familiar y social inmediato.

Como analizaremos más adelante, nuestras creencias, referencias o ideas más distorsionadas y equivocadas sobre el amor a veces vienen no solo de nuestros padres y amigos, sino incluso de abuelos y otras figuras de autoridad, lo cual en ocasiones tiene algo de humorístico. He conocido señoras de 45 años de infeliz matrimonio que aconsejan a sus nietas que se van a casar acerca de cómo deberían vivir su vida conyugal, aun sin darse cuenta de que esos mismos consejos que proporcionan de buena fe, aunque regularmente no solicitados, son justamente la raíz misma de su infelicidad. Por algo se quejan.

Por ello, lo que expongo en este libro justamente gira en torno a examinar creencias equivocadas que la cultura nos ha implantado, así como a señalar algunas propuestas que pueden ayudarnos a edificar una concepción menos distorsionada del amor humano.

He podido aprender que existe un patrón común en las personas que recurren desesperadamente a la psicoterapia como el último recurso para rescatar sus relaciones. Ese patrón está constituido esencialmente por una serie de conceptos o creencias equivocadas sobre la naturaleza del amor y del funcionamiento de las relaciones interpersonales.

Tristemente, estas personas actúan casi siempre muy tarde, cuando la situación está a punto de desmoronarse o como una última opción antes del divorcio o de una ruptura total. La mayoría de las veces, incluso, las personas llegan a terapia en una situación aún más adversa: cuando una segunda relación está ya presente en sus vidas y se han dado cuenta de que las complicaciones de la primera reaparecen en la segunda, y tienen que lidiar ahora con el doble de dificultades.

Esta edición del texto está particularmente pensada para lectores hispanoamericanos. Considero seriamente que compartimos un bloque cultural que nos hermana gracias a nuestra lengua y a buena parte de la historia.[1] Muchas de las características que nos unen poseen una antigüedad comparable incluso con los albores de la modernidad, desde la historia de la evangelización de nuestros países en los siglos XV y XVI hasta la influencia que tienen la cultura posmoderna y la economía, distinta esta última de la asiática y de la norteamericana/europea.

---

[1] Fullat i Genís, O. (2011). *Antropología y educación*.

Es además preciso mencionar que los hispanoamericanos tenemos un reto por delante: nuestra cultura otorga particular importancia a los valores familiares y a la cohesión humana, y esto se inculca en cada generación.

Ciertamente, poseemos una cultura que pone en evidencia nuestra alegría por la vida misma, capaz de sorprender a personas de otras culturas y partes del mundo. Al mismo tiempo, sin embargo, los hispanoamericanos tendemos a subestimar el valor del matrimonio. Por un lado, somos muy familiares; pero, por otro, paradójicamente infravaloramos el matrimonio. No es parte de nuestra cultura asumir que la relación más plena, importante y significativa en la vida es el matrimonio. De hecho, es fácil detectar un lenguaje de derrota cuando uno formaliza una relación: "¡ya te atraparon!".

Antes de pasar a los capítulos siguientes, te recomiendo una actitud de prudencia, cautela y conciencia a lo largo de estas páginas, ya que las ideas que vienen a continuación pueden resultar contrarias a aquellas sostenidas por la propuesta sociocultural contemporánea. Incluso es posible que, de atreverte a llevar estas reflexiones hasta sus últimas consecuencias, algunas amistades e incluso ciertos familiares te vean con extrañeza.

Sin más, una última invitación respecto de la próxima lectura es hacerla con una actitud de investigación. Los diversos ámbitos que abordaremos están totalmente conectados entre sí de modo transdisciplinario, lo cual te ayudará a entender mejor el complejo fenómeno de la vida en pareja. Siguiendo esta lógica, el libro se apoya en una rica gama de perspectivas a partir de las ciencias del comportamiento humano para examinar una serie de creencias alejadas de una noción realista del amor, así como también consideraciones que favorecen la adopción del amor de verdad, propuestas contrarias a nuestra cultura, positivas, realistas y trascendentes para vivir plenamente la vida en pareja, incluso –y mejor aún– desde antes de conocer a la persona con la que compartirás el resto de tu existencia.

## Tres sesgos en nuestras creencias

El sesgo, o *bias* en inglés, es la distorsión prácticamente irremediable que los seres humanos tenemos respecto a la realidad en su conjunto. No aprehendemos la realidad de manera inmediata y perfecta; distorsionamos parte de ella en nuestra percepción. Estos sesgos se dan por razones biológicas (las limitaciones de nuestros sentidos), psicológicas (nuestros estados emocionales, por ejemplo) y sociales (vemos lo que queremos ver para evitar una disonancia con las personas a quienes deseamos agradar).

William J. McGuire, distinguido psicólogo de la Universidad de Harvard, planteó la concepción de inercia cognitiva explicando la resistencia a cambiar el procesamiento de una idea una vez que se ha obtenido nueva información que contradice esta misma idea.[2] En otras palabras, la inercia cognitiva es la tendencia de los seres humanos a mantener una creencia una vez que esta ha germinado en su interior, incluso a pesar

---

[2] McGuire, W. J. (1960). Cognitive consistency and attitude change. *The Journal of Abnormal and Social Psychology, 60*(3), 345-353.

de encontrar evidencia que la invalide. Comprender el concepto de la inercia cognitiva nos permite entonces hablar del primer sesgo: el sesgo de autoconfirmación.

## Sesgo de autoconfirmación

Es el proceso mental que nos vuelve incapaces de observar información contraria a nuestras creencias, volviéndolas aún más rígidas. Es por ello que ante una afiliación política, por ejemplo, tendemos hacia el sesgo de autoconfirmación señalando sin dificultad alguna todo aquello que el partido político hace de modo correcto y minimizando aquello que puede resultar incorrecto (e, incluso, negándolo). Este comportamiento es entonces una instancia de la inercia cognitiva, la cual se debe a distintos sesgos, entre ellos, el de autoconfirmación.

## Sesgo de conformidad social

En 1955, el psicólogo Solomon Asch condujo un estudio[3] para observar el impacto que la opinión pública ejerce en la propia. Asch empleó una serie de cartulinas blancas que mostraba de par en par a los participantes durante distintas rondas. En cada ronda, una de las cartulinas tenía dibujada una sola línea de determinada longitud, mientras que la otra tenía tres líneas dibujadas, cada una con una longitud variable, como se muestra a continuación.

---

[3] Asch, S. (1955). Opinions and social pressure. *Scientific American, 193*(5), 31-35.

## Introducción

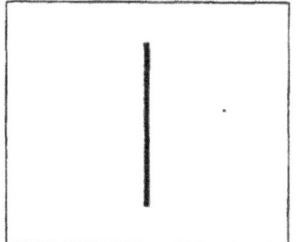 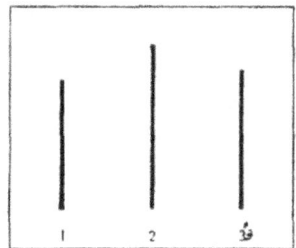

Foto recuperada del artículo original de Solomon Asch (1955, p. 3)

Asch pidió entonces al grupo de participantes del estudio que mencionaran en voz alta cuál de las líneas en la cartulina derecha tenía la misma longitud que la línea de la izquierda. En las dos primeras rondas, todos los participantes acertaron la respuesta. Sin embargo, en la tercera ronda uno de los participantes dio una respuesta diferente a la de sus colegas, quienes dieron una respuesta unánime. La situación se repitió en las siguientes rondas, y el comportamiento del participante en desacuerdo empezó a mostrar señales de preocupación y vacilación. En realidad, solo uno de los participantes en el experimento era el sujeto puesto a prueba, mientras que al resto del grupo se le había indicado previamente que su objetivo era disentir del sujeto a prueba, esto de manera disimulada y evitando la unanimidad en la opinión para no levantar sospechas.

Este famoso experimento marcó un hito en la historia en la psicología social debido a que explicaba con claridad el sesgo de conformidad social, o la tendencia que tenemos los seres humanos para creer, percibir y transformar nuestra percepción en función de aquello que los demás consideran como verdadero. Tal comportamiento se explica a partir de que percibir algo que no percibe la mayoría produce un alto grado de ansiedad en los seres humanos. Imagínate entonces, querido lector, la sensación que debe de experimentar una persona cuya percepción de algo o de algún tema en particular es contraria a la de la mayoría. El sesgo de conformidad social y el poder del grupo son tan fuertes que son capaces de distorsionar nuestra percepción con el fin de estar de acuerdo con lo que todo el mundo percibe. Por ello, comprender la base de este sesgo es crítico para entender la fuerza que tienen nuestras creencias, aun si son equivocadas. Pero no solamente las tienes tú, sino que las tienen tú y tu entorno, así como la mayoría de las personas dentro de nuestra cultura, y cuesta trabajo ser consciente de dichas creencias del mismo modo que a un pez le resultaría difícil saber qué es la humedad, dado que vive en el agua y siempre ha vivido ahí.[4]

## El sesgo epocal: la posmodernidad

El tercer sesgo es un poco más extenso. Si tienes algo de prisa al leer este texto, te lo sintetizaré en este mismo párrafo: nos encontramos en una época llamada posmodernidad, que, igual que otras, nos imprime valores, una estructura mental y una forma de entender qué vale la pena en la vida. Nuestro tiempo está marcado por poner en el centro al individuo, el presente y las emociones. Por ello juzgamos la realidad a partir de lo que nos es individualmente atractivo, emocionante y placentero en el corto plazo: "Lo que siento por la chica que conocí ayer es

---

[4] David Foster Wallace, *This is Water*.

algo que no había sentido por nadie en mucho tiempo. Debe de significar algo...".

> Nos encontramos en una época llamada posmodernidad, que igual que otras, nos imprime valores, una estructura mental y una forma de entender qué vale la pena en la vida. Nuestro tiempo está marcado por poner en el centro al individuo, el presente y las emociones. Por ello juzgamos la realidad a partir de lo que nos es individualmente atractivo, emocionante y placentero en el corto plazo.

Ahora, la versión un poco más extensa: ¿cuántas veces en la actualidad no hemos escuchado frases como "la vida es para disfrutarla" o "la vida es una y hay que pasarla bien"? ¿Cómo es que hace cien años la gente aún era capaz de sacrificar hasta su vida por una causa honorable mientras que ahora hay un afán general por el disfrute máximo de las cosas? Reflexiones similares nos permiten intuir un cambio en la humanidad, cambio que impacta sin duda la manera de actuar y vivir en general.

Esos viejos comentarios de "hija, tienes que sacrificarte por tu familia" nos remiten a un paradigma que nos suena anacrónico, viejo y de una época en la que "no se disfrutaba la vida como debería". La palabra *sacrificio* proviene del latín *sacrum facere* y significa 'hacer algo sagrado'. Hasta hace cien años, el

## Introducción

sacrificio se consideraba la virtud máxima, como cuando una persona se sacrificaba por la nación o su fe, tal como ocurrió a principios del siglo XX en México durante la Guerra Cristera. Hoy, pensar en sacrificar el presente por un compromiso que establecí con alguien suena, incluso, psicótico.

Un panorama más amplio sobre esta cuestión es posible si se indaga en las características fundamentales de la premodernidad, la modernidad y la posmodernidad, los tres grandes cambios de época ocurridos en los últimos dos mil años. Si bien esta breve exposición no pretende ser exhaustiva, no tengo la menor duda de que, al tener cierta perspectiva histórica, podremos ver con claridad que pensamos como pensamos por la época en la que vivimos y que toda época tiene sus elementos de progreso y sus elementos decadentes.

> Al tener cierta perspectiva histórica, podremos ver con claridad que pensamos como pensamos por la época en la que vivimos y que toda época tiene sus elementos de progreso y sus elementos decadentes.

### *Tiempos premodernos: siglo IV al siglo XV*

Remontémonos entonces al primer cambio de época: la premodernidad. Este primer gran cambio ocurrió durante la expansión del cristianismo a partir del año 313, tras el Edicto de

Milán, en el cual Constantino dejó de perseguir al pueblo cristiano. Posteriormente, en el año 380, Teodosio el Grande confirmó al cristianismo como la religión oficial de Roma, el imperio más poderoso del mundo en su momento. Así se inició la expansión del cristianismo y se desarrolló toda una época a partir de la cual se construyó Europa. Dado el papel que el cristianismo jugó en el continente occidental, hoy en día resulta imposible explicar los orígenes de Europa sin contemplar el peso que este aportó a la cultura durante más de mil años y cuyos frutos le brindaron al mundo los hospitales y las universidades, por mencionar una minúscula aportación que se dio en eso que llamamos Edad Media, entendida en la historia como la premodernidad. Durante esta época, la base de las distintas sociedades del continente se encontraba en Dios y la esperanza de los pueblos consistía en la promesa de la vida eterna que Dios les había hecho.

Los avances de la premodernidad trajeron consigo el segundo gran cambio de época, la modernidad, la cual abarca aproximadamente desde el siglo XVI hasta el siglo XX. Es indispensable tomar en cuenta que en la modernidad la sociedad dejó de girar en torno a Dios, tal como lo había hecho desde el siglo IV al siglo XV. Así, el desplazamiento de Dios como eje central de la sociedad dio paso a que la vida y la esperanza giraran en torno al futuro de la humanidad. Las grandes revoluciones de toda índole comenzaron a ocurrir, iniciando por la cultura, como se puede observar en la escultura, la pintura y la arquitectura.

Introducción

*Piedad*, por Miguel Ángel (1498-1499)

*David*, por Miguel Ángel (1501-1504)

*Virgen de la casa de Alba*, por Rafael (1511)

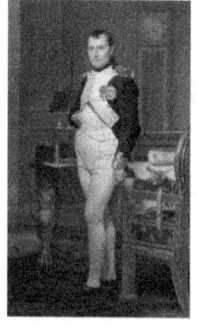

*Retrato de Napoleón en su gabinete de trabajo*, por Jacques-Louis David (1812)

## Introducción

### *Tiempos modernos: siglos XVI al XX*

En las obras de arriba, la atención en las artes pasa de estar en la belleza de la divinidad a concentrarse en la belleza de la percepción humana. Asimismo, en la modernidad se dio el avance radical de la ciencia gracias a que Galileo Galilei propuso una visión de la ciencia entendida como aquello que se puede basar en un método. Para dar un poco de contexto, antes de Galileo la ciencia se definía como el conocimiento cierto de las cosas por sus causas. Posterior a Galileo, aquello que se conocía como ciencia se separó de la filosofía para distinguir el conocimiento especulativo del conocimiento verificable. Y si bien para cualquiera de nosotros esto se entiende con facilidad, en aquella época supuso una gran revolución. Así se fueron originando las revoluciones científicas: primero en la física, gracias a Newton; después siguieron las grandes revoluciones de la química en el siglo XVIII; posteriormente, los avances de la biología en el siglo XIX; y el resto de las ciencias en el XX. Estos enormes progresos, que ocurrieron gracias al método científico y que derivaron en que la esperanza de vida de las personas subiera al menos al doble en estos 400 años, llevaron a que la humanidad pusiera su esperanza en el futuro, en el progreso, desplazando así la esperanza en lo trascendente y eterno, como se pensaba colectivamente en la premodernidad.

Empezamos entonces a encontrar causas naturales de lo que durante siglos se pensaban solo como causas metafísicas. Y puesto que en ocasiones una imagen dice más que mil palabras, si recordamos la escena de la película *Titanic,* protagonizada por Leonardo DiCaprio y dirigida por James Cameron en 1997, recordaremos que cuando el barco está a punto de zarpar desde el puerto de Southampton, se nota claramente el ánimo de las personas tanto dentro como fuera del navío. Una gran algarabía de celebración. Estamos hablando del 10 de abril de 1912. Los que despedían al barco ni se iban a subir a este ni tenían familiares que fueran a abordar ni poseían acciones de la White Star Line (la naviera propietaria del barco).

¿Qué celebraban entonces? Celebraban los valores modernos. Los valores del futuro, el progreso y una profunda devoción a los avances técnico-industriales. El triunfo de la humanidad sobre la naturaleza. La conquista por el método científico del horizonte anteriormente impredecible y que ahora es predecible gracias a la ciencia.

Pero el triunfo sobre la naturaleza no es el único aspecto de la modernidad por tomar en cuenta, pues se trataba además de una era en la que existía un sentido de continuidad. Para ilustrar este punto, tomemos por ejemplo a Antonio Stradivari, el gran *luthier* italiano de violines (a la fecha, de los más reconocidos en el mundo), quien en su época creó lo que hoy llamaríamos una empresa familiar, la cual se heredaba de generación en generación. Esto refleja un rasgo muy propio de la modernidad: un sentido de continuar la obra que los padres habían dejado a los hijos y por lo que nuestros bisabuelos influían significativamente en nuestros abuelos en la decisión sobre a qué se dedicarían.

Introducción

## *La posmodernidad: siglos XX y XXI*

Para pasar ahora a la transición entre la modernidad y la posmodernidad, volvamos por un momento a esa escena tan emblemática del *Titanic*. Todavía a principios del siglo XX se tenía fe en que el progreso tecnológico solo podría traer el mayor bienestar para la humanidad, y si recordamos a la gente despidiéndose del barco en el puerto de Southampton, la emoción de esas personas refleja esta creencia moderna. Además, la gente estaba dispuesta a dar la vida por el futuro, como podemos ver en los científicos que, para probar la efectividad de sus descubrimientos, no dudaban en pensar incluso en poner en riesgo su propia vida o la de personas cercanas. El futuro de la humanidad lo justificaba todo. Jenner, Koch, Marie Curie y muchos más nos recuerdan esta época de científicos, héroes que cambiaron nuestra concepción misma de la vida. La vida se empezó a volver controlable. Predecible.

Con todo, a partir de la Segunda Guerra Mundial ocurrió una gran desilusión en cuanto a que la esperanza en el progreso tecnológico pudiera conducir a la felicidad humana. Este acontecimiento, particularmente el bombardeo atómico a las ciudades japonesas de Hiroshima y Nagasaki, ilustró cómo la tecnología no necesariamente estaría siempre en favor del progreso humano, sino que también podría implicar la aniquilación total de la humanidad. Así, la Segunda Guerra Mundial terminó con el metarrelato de que gracias a la tecnología la humanidad alcanzaría su plenitud, aquello que en términos hegelianos se conoce como el fin de la historia o la conquista plena de las leyes de la naturaleza a partir de la ciencia. Como consecuencia de este significativo suceso, surgió la posmodernidad.

La posmodernidad es la época actual, caracterizada por ser posterior a la modernidad, como su nombre lo indica. En esta época vuelve a ocurrir un cambio de eje social: ya no es Dios, como ocurría en la premodernidad, ni la humanidad, como ocurría en la modernidad, sino que el individuo es el centro de la sociedad. No resulta extraño entonces que en esta época la influencia de los padres en sus hijos respecto a su actividad profesional, al menos conscientemente, sea mucho menor. Hoy es más común escuchar frases como "hijo mío, tú dedícate a lo que a ti te haga feliz".

Esta breve exposición histórica no pretende ser exhaustiva ni tiene por objeto igualar el conocimiento que uno aprendería en un curso universitario de historia universal. El fin de este ejercicio es aportar una visión general del contexto histórico actual, puesto que, ya que estamos incrustados en él, forma parte de un sesgo propio.

|  | *Premodernidad* <br> *siglos IV al XV* | *Modernidad* <br> *siglos XVI al XX* | *Posmodernidad* <br> *siglos XX al ?* |
|---|---|---|---|
| Eje social | Teocéntrico | Antropocéntrico | Individuo |
| Esperanza | Vida eterna | Progreso | Inexistente |
| Conocimiento | Estático | Sólido/ progresivo | Líquido |
| Íconos | Mártires | Héroes | *Influencers* |

Los complejos retos para alcanzar un matrimonio trascendente, exitoso y pleno en la posmodernidad parecen vislumbrarse al tener en cuenta el eje de la época: el individuo mismo. Este distintivo rasgo posmoderno es contrario a la esencia misma del matrimonio, pues este último implica una renuncia radical hacia el sentido de la individualidad. En otras palabras, si alguien decide casarse con base en la premisa de que su vida matrimonial no se diferenciará de su vida soltera, esta creencia traerá muchas complicaciones en su vida conyugal, pues esta visión posmoderna con la que hemos nacido, en la que solo importamos nosotros mismos y la razón por la cual hemos venido a la vida es a ser felices es, por naturaleza, incompatible con el matrimonio.

Desde esta introducción, puedes empezar a observar que estamos en una época en la que hay que ir a contracorriente, lo cual no significa llevar una vida conflictiva. Más bien, significa tener claro el desafío que habremos de enfrentar para ir en una dirección distinta de la que va la mayoría de las personas.

# Capítulo 1. Amor y enamoramiento

*No sé qué está pasando en nuestra relación. Creo que necesitamos ayuda; ya no estoy sintiendo lo mismo que sentía y estoy confundido.*

Carlos, 33 años

*Cuando empezamos a vivir juntos, todo fue hermoso, hasta que llegó la pandemia. Siento que esto fue un* turn off *de lo que sentía por él.*

Stacey, 27 años

Capítulo 1. Amor y enamoramiento

Decía Aristóteles que "quien no conoce el problema, no encontrará la solución, aunque la tenga en sus manos". Si algo me he encontrado en prácticamente el 100 % de las parejas que he escuchado en crisis de desvinculación, ya sean jóvenes en noviazgo, parejas que cohabitan, matrimonios que buscan recuperarse tras una infidelidad e, incluso, matrimonios con más de treinta años de relación es el error de pensar que el amor es en esencia un sentimiento. Lo he llamado *el mito de todos los mitos*. Es más, me atrevo a pensar, como suelo reflexionar con algunos de mis hijos mayores, que de las mejores cosas que puedo dejarles y que podrá realmente marcar una diferencia favorable en sus vidas y en las de sus hijos es entender que el enamoramiento es una reacción neurobioquímica (neurotransmisores, hormonas, neuropéptidos, etcétera) y que el amor humano es la decisión de la inteligencia y la voluntad de buscar el mayor bien posible a otra persona, independientemente de lo que sintamos. Simplemente, entender esta idea y

> Si algo me he encontrado en prácticamente el 100 % de las parejas que he escuchado en crisis de desvinculación, ya sean jóvenes en noviazgo, parejas que cohabitan, matrimonios que buscan recuperarse tras una infidelidad e, incluso, matrimonios con más de treinta años de relación es el error de pensar que el amor es en esencia un sentimiento.

## Capítulo 1. Amor y enamoramiento

actuar en consecuencia podría devolverle la funcionalidad y la paz a cualquier matrimonio en crisis para empezar a formar la plenitud.

Que hoy en día difícilmente distingamos entre un término u otro se explica con lo que ya hemos examinado brevemente sobre la época llamada posmodernidad, esto es, que la sensación prima sobre la razón. Pero la actual situación no parecía ser igual hace tan solo un siglo. En 1930, en la ciudad de Viena, cuando se publicó el legendario ensayo de Sigmund Freud intitulado *El malestar en la cultura*, el psicoanalista austriaco postuló que el origen de toda neurosis radica en la represión de la sensación en favor de la razón. Hoy en día, sin embargo, podemos afirmar sin temor a equivocarnos que en la posmodernidad sucede exactamente lo contrario a lo que sostenía Freud: en nuestros tiempos la razón es reprimida por la sensación. "Si se te antoja algo, ¡hazlo!".

> El enamoramiento es una reacción neurobioquímica (neurotransmisores, hormonas, neuropéptidos, etcétera) y el amor humano es la decisión de la inteligencia y la voluntad de buscar el mayor bien posible a otra persona, independientemente de lo que sintamos.

Los griegos empleaban cuatro vocablos distintos para el concepto que nosotros en la actualidad designamos como *amor*. Sin embargo, aunque estos vocablos sin duda se relacionan con el amor

Capítulo 1. Amor y enamoramiento

de alguna u otra manera, cada uno tiene una naturaleza esencialmente distinta.

| Concepto en griego | Se pronuncia | Significa |
|---|---|---|
| φιλία | philia | amistad |
| στοργή | storgé | protección a los hijos |
| ἔρως | eros | enamoramiento o atracción físico-emocional |
| ἀγάπη | agápē | amor oblativo o la decisión de buscar el bien verdadero de alguien |

El matrimonio es la única relación humana en donde pueden caber los cuatro conceptos. Ciertamente, se requiere cultivar la amistad, la protección y el cuidado mutuos, la atracción física —aun cuando esta es mucho más limitada, pues no depende de la voluntad humana— y, por esencia, el ágape o la decisión de procurarse el bien.

Comencemos por la φιλία (*philia*), término griego que hace referencia a la amistad o al amor que existe entre los amigos. Se trata de esa agradable sensación que surge al convivir con alguien con quien compartimos memorias, un horizonte de valores y una buena voluntad. En palabras de Aristóteles:

> Sin amigos nadie querría vivir, aunque tuviera todos los otros bienes; incluso los que poseen riquezas, autoridad o poder parece

> que necesitan sobre todo amigos; porque ¿de qué sirve esta abundancia de bienes sin la oportunidad de hacer el bien, que es la más ejercitada y la más laudable hacia los amigos? ¿O cómo podrían esos bienes ser guardados y preservados sin amigos?[1]

El maestro griego también nos enseña que cuando la amistad se fundamenta en transacciones, en interacciones del tipo "yo te doy esto a cambio de esto" –llámese cuidado, cariño o placer, por ejemplo– su base es entonces frágil y por ende esa amistad se romperá con facilidad. En cambio,

> la amistad recíproca requiere elección, y la elección procede de un modo de ser, y los amigos desean el bien de los que aman por sí mismos, no en virtud de una afección, sino de un modo de ser; y al amar a un amigo aman su propio bien, pues el bueno, al hacerse amigo, llega a ser un bien para su amigo.[2]

Así, la φιλία (*philia*) es un amor que, en el contexto de nuestra relación de pareja, trata de buscar el bien de mi pareja, pues además de ser mi novia o esposa, novio o esposo, es también mi amiga o mi amigo, y procurar su bien es procurar mi bien.

Una segunda categoría del amor, de acuerdo con el pensamiento griego, es el στοργή (*storgé*), entendido como un amor impulsivo dirigido a la protección de nuestros descendientes. Gracias a la oxitocina, las personas tenemos una tendencia casi instintiva de proteger a los hijos.

Entre las últimas dos formas de amor, ἔρως (*eros* o enamoramiento) y ἀγάπη (*agápē* o decisión de buscar el bien), reside

---

[1] Aristóteles, *Ética nicomáquea*, libro VIII, "Naturaleza de la amistad".
[2] Aristóteles, *Ética nicomáquea*, libro VIII, "Correspondencia en la amistad".

la mayor confusión en las parejas sobre el verdadero significado del amor, por lo que el resto del capítulo consistirá en distinguir uno de otro con precisión.

Se puede afirmar que gracias al *eros* o enamoramiento, la especie humana, igual que como sucede en el reino animal, ha pervivido. Esto es, la atracción que sentimos cuando nos enamoramos es una fuerza tan importante que explica, en primera instancia, lo que popularmente llamamos el instinto de supervivencia. No obstante, me parece más preciso utilizar el término *pulsión*, pues en el ser humano no puede hablarse de instinto, dada la libertad. Si tuviésemos instintos, en sentido estricto, no habría suicidios ni abortos ni muchos crímenes que nos duelen como humanidad.

Desde una perspectiva de la antropología filosófica básica, podemos sostener que la diferencia esencial entre un ser humano y un perro –por mencionar el ejemplo de un animal– reside en el tercer elemento constitutivo del yo: la dimensión espiritual, la cual comprende la inteligencia, la voluntad y la libertad.

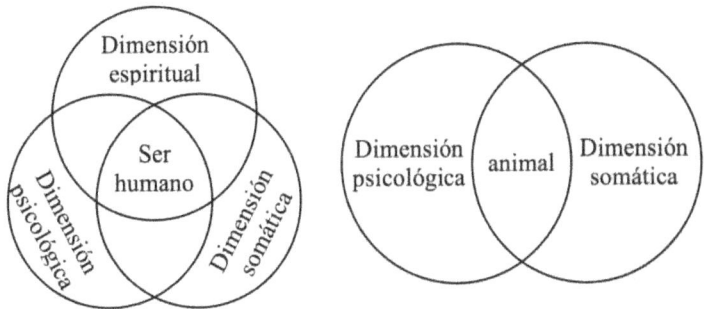

En cambio, los elementos constitutivos que sí compartimos con los animales son el psicológico y el somático. El primero de estos elementos, el psicológico, hace referencia a la capacidad de un perro de experimentar emociones, así como de aprender, tener memoria y hasta la capacidad de enamorarse. El elemento somático o corporal, por otro lado, implica desde tener hormonas, enfermedades y pasar hambre hasta los ciclos circadianos y el metabolismo.

A lo largo de la historia se han mantenido muchas discusiones sobre si los animales son inteligentes o no. La realidad es que la respuesta es, en cierto sentido, muy sencilla, pues todo dependerá de qué se entienda por inteligencia. Por ejemplo, en los discursos contemporáneos en psicología, se define como la capacidad para resolver problemas en un contexto específico. Siendo así, creo que muchos animales cuentan con inteligencia. En cambio, si prestamos atención a la raíz etimológica de la palabra, *intelligentia* –vocablo del latín compuesto por el prefijo *inter* (entre) y el verbo *legere* (leer)–, nos daremos cuenta de que, desde su acuñación, el término hace referencia a la capacidad de comprender aquello que es abstracto.

Si bien nuestras mascotas son capaces de aprender trucos y de obedecernos a partir de determinadas señales, los animales carecen de la capacidad de abstracción. Podrás lograr que tu perro se comporte de determinada manera a partir de un estímulo, como haciendo un ruido específico o mostrándole la imagen de un círculo. No obstante, está de más señalar que no comprende la idea abstracta de círculo. Esto no demerita, por supuesto, cuán sofisticado puede ser el aprendizaje de algunos perros de rescate, capaces de salvar muchas vidas humanas precisamente por el entrenamiento que han llevado y por la asociación entre olores, imágenes, reacciones y sonidos. Conclusión: el perro aprende, pero no inteligge. El perro puede salvar vidas. Pero el perro no tiene la intención de sacrificar su vida por salvar vidas; no es una elección libre. Por eso nunca hemos visto a un perro inscribirse en un programa para entrenamiento de perros rescatistas.

Como ya lo mencioné, los seres humanos compartimos con los animales las dimensiones psicológica y somática, las cuales están íntimamente relacionadas con el έρως (*eros*). Para explicar esto, considera lo siguiente. Si hacemos un breve análisis de las canciones más populares transmitidas en cualquier estación de radio, Spotify o YouTube –ya sean en inglés, en español o en cualquier otro idioma– observaremos que las canciones románticas invariablemente aluden al amor como si de una sensación, reacción o algo que trasciende nuestra voluntad se tratase. Así, generan la impresión de que el amor es algo que no está bajo nuestro control y que se trata más bien de una sensación que obedece a una estructura neurobioquímica. Sin duda, una concepción tal cual del amor nos remite al *eros* y a lo que hemos explicado sobre los animales y su falta de dimensión espiritual, única en los seres humanos.

Antes de distinguir este enamoramiento o *eros* de lo que realmente es el amor, entendido como la decisión de la inteligencia y la voluntad de procurar el mayor bien posible a la otra persona de manera incondicional, definitiva y, sobre todo, personal o individual (no bilateral), me gustaría plantear algunas ideas sobre lo que hace que una persona nos resulte atractiva o, dicho de manera simple, ¿por qué nos enamoramos?

## ¿Por qué nos gusta / atrae alguien / o nos enamoramos de una persona?

Podría pensarse que la explicación a esto es de sentido común: ¡simplemente la persona "nos gusta"! Sencillamente la persona es atractiva, y de alguna manera cualquier persona que conociera a esta persona que nos atrae consideraría que es igualmente atractiva.

La realidad es más compleja. Si bien es cierto que existe una serie de indicadores que determinan a una persona como universalmente bella, tales como la simetría del rostro, la luminosidad de su piel y cabello, y muchas otras características que han sido bien estudiadas por la psicología de la percepción, también es cierto que las personas de las cuales nos enamoramos profundamente, aquellas con las que no solo podemos experimentar una suerte de admiración por su belleza física, sino además un enamoramiento emocionalmente significativo, son aquellas con las cuales nos vinculan otros factores particularmente interesantes. Hablo de ellos a continuación.

### Nos enamoramos más de personas con quienes compartimos una percepción del mundo

Es bien conocido que los seres humanos disfrutamos de vincularnos con personas con quienes encontramos afinidad en nuestras historias, nuestro pasado, nuestras circunstancias presentes y, por supuesto, nuestra visión del futuro. También cuando encontramos a personas con quienes compartimos una visión sobre el mundo. A este respecto, se han realizado diversos experimentos, por ejemplo, al presentar a personas que comparten haber sido abandonadas emocionalmente, o ser inmigrantes de una zona de otro país, o haber tenido padres maltratadores, o venir de una relación destructiva, y se ha observado cómo ese solo hecho genera una vinculación afectiva que, sumada a otras variables, construye reacciones bioquímicas que derivan en la sensación de enamoramiento.

Como lo he explicado previamente, este hecho por sí mismo no tiene ni bondad ni maldad; simplemente existe. Lo verdaderamente relevante para efectos de este libro y de su propósito, que es elevar de manera radical la calidad de nuestros vínculos, es ser conscientes de cómo funcionan estos mecanismos. Bien decía Sócrates que la esencia de la madurez y del desarrollo humano, por decirlo en términos actuales, es el conocimiento de uno mismo.

He conocido a personas que al experimentar estas sensaciones de enamoramiento las confunden con una especie de vocación del tipo "nunca había sentido algo así por nadie... ¡algo debe de significar!" o "me encantó el chico; ¡baila como mi *influencer* favorito!" o "me encanta que le guste lo mismo que a mí; eso es una señal". Aquí en los Estados Unidos de América, en la cultura anglosajona, a esta misma situación se le denomina encontrar un *soulmate* o alma gemela. No es más que una ilusión; todos conocemos parejas cuyo vínculo solo dura unos cuantos meses y termina de manera dramática. Muchas de ellas experimentaron un intenso –y a veces arrebatado– enamoramiento.

## Nos enamoramos de manera más súbita en circunstancias atípicas a nuestra cotidianeidad

Imagina a una mujer latina que se va de vacaciones a Egipto. Esta mujer no conoce ninguna lengua propia de la región que visita, por lo que no entiende nada de lo que hablan las personas a su alrededor. De pronto, se escuchan unas fuertes explosiones a unos cuantos metros y la gente empieza a correr, a gritar y a llorar. El estrés es de esperarse en una situación similar. Pero si en esos momentos nuestra protagonista escucha a alguien que habla español, entonces va a resultar una conexión del encuentro. Asimismo, si la persona que la mujer acaba de conocer le propició un estado de disminución de la ansiedad, o lo que típicamente llamamos una fuente de seguridad, se potencializa la posibilidad de que exista atracción en la dupla salvador-víctima.

Esto se debe a que en circunstancias en las que nos enfrentamos a estados de incertidumbre y ansiedad, el cortisol amplifica nuestras percepciones más primarias. Por eso, nuestro juicio crítico se disminuye y el sistema límbico, la parte más primitiva del cerebro, se activa.

Te invito a que reflexiones sobre lo siguiente: ¿alguna vez has experimentado en tu vida un estado de enamoramiento en un intercambio académico? ¿En un viaje escolar o laboral? Si la respuesta es afirmativa, es muy probable que tiempo después, una vez que entras en circunstancias habituales, te preguntes: "¿En qué estaba pensando?, si en realidad no tenemos nada en común; ni siquiera conocía a esta persona verdaderamente".

### Nos enamoramos más de personas genéticamente distintas

¿Por qué no nos resultan atractivos nuestros familiares cercanos? Parece una pregunta un tanto extraña –y hasta obvia su respuesta–; sin embargo, no fue sino hasta hace relativamente pocos años que surgió una explicación científica contundente al respecto.

Desde la década de los sesenta del siglo XX, sabemos que los seres humanos poseemos genes recesivos –aquellos que están latentes, pero no se manifiestan– y genes activos. Así, es posible que una persona que tiene diabetes en un gen recesivo desarrolle hábitos capaces de dinamizar su estructura genética y volver dicho gen en uno activo, o bien, que una pareja que comparte un determinado gen recesivo dé vida a un hijo con ese mismo gen, quien corre el riesgo de tener la versión activa de este.

Por esta razón, la naturaleza ha originado la tendencia a enamorarnos de personas que no son idénticas genéticamente a nosotros, como nuestros hermanos o familiares muy cercanos. De hecho, las personas que se atraen lo hacen precisamente porque su estructura genética es distinta, de acuerdo con un estudio realizado por la doctora Maria da Graça Bicalho, de la Universidad Federal de Paraná en Brasil.[3] Las feromonas transmiten las diferencias genéticas que existen entre un individuo y la persona hacia quien este siente atracción. Esto, por supuesto, sucede en el inconsciente y, de este modo, se manifiesta entonces que esa persona es compatible para la procreación.[4,5] Asimismo, la ciencia detrás de la expresión "hay química" entre la persona con la que tenemos algo en común y nosotros es que el sistema límbico procesa las feromonas captadas por el órgano vomeronasal. Así es como se va generando la atracción, el enamoramiento, el έρως (*eros*).

Las conclusiones derivadas de estas tres razones por las que nos podemos enamorar pueden ser verdaderamente significativas y transformadoras para nuestra forma de entender el proceso de enamoramiento y nuestra concepción en general sobre el amor. Es cierto que nos podemos enamorar de otras personas aun teniendo una relación afectiva estable. Como vimos en los párrafos anteriores, ninguna de estas razones está vinculada con la calidad de la relación actual que tengamos. El hecho de que una persona comparta conmigo una visión del mundo parecida, que experimentemos juntos

---

[3] Carvalho Santos, P. S., Schinemann, J. A., Gabardo, J., & Da Graça Bicalho, M. (2005). New evidence that the MHC influences odor perception in humans: A study with 58 Southern Brazilian students. *Hormones and Behavior, 47*(2005), 384-388.

[4] Murray, D. R., Haselton, M. G., Fales, M., & Cole, S. W. (2019). Falling in love is associated with immune system gene regulation. *Psychoneuroendocrinology, 100*(2019), 120-126. doi.org/10.1016/j.psyneuen.2018.09.043

[5] Kromer, J., Hummel, T., Pietrowski, D., Giani, A. S., Sauter, J., Ehninger, G., Schmidt, A. H., & Croy, I. (2016). Influence of HLA on human partnership and sexual satisfaction. *Scientific Reports, 6*(32550). doi.org/10.1038/srep32550

> Es cierto que nos podemos enamorar de otras personas aun teniendo una relación afectiva estable.

circunstancias atípicas, que compartamos un mundo en común o que su estructura genética a través de las feromonas estimule mis células vomeronasales para la procreación nada tiene que ver con la calidad de mi relación afectiva actual. Por más escandalosa que parezca esta conclusión, debo advertir que el hecho de que nos enamoremos de personas distintas incluso a nuestro esposo o esposa es un hecho absolutamente normal. Ahora bien, qué decisión tomemos en cuanto empecemos a experimentar esa sensación que todos conocemos, llamada enamoramiento, esa, esa es la diferencia que puede cambiar el rumbo de nuestra vida y la de otros.

Por ello, adelantándome un poco al capítulo ocho, quiero advertir que la virtud de la fidelidad no radica en no experimentar el enamoramiento con otras personas, sino más bien consiste en poner los medios para que cuando experimentemos dicha sensación no sea más que eso, una simple sensación transitoria que, al no ser cultivada, pasa sin mayor consecuencia, ni siquiera psicológica. La velocidad con la cual pongamos esos límites o distancia afectiva puede ayudarnos a hacer el proceso mucho más simple y llevadero, sin desgarres emocionales.

## ¿Qué ocurre cuando nos enamoramos?

Con base en la explicación anterior, podemos sostener que el ἔρως (*eros*), o el enamoramiento, funciona de manera similar a una reacción emocional, con la peculiaridad de que su duración es mucho más extensa. Para una mejor comprensión de esto, imagina que vas conduciendo y, repentinamente, sientes que vas a estrellarte contra otro auto. El tiempo se ralentiza y haces todo lo posible por evitar un desastre. Para tu fortuna, en este escenario, justo en el momento más crítico logras salvar tu vida sin causar accidente alguno. Este pánico que sentiste –una descarga corporal de adrenalina– se explica precisamente porque las glándulas suprarrenales liberan, por instrucción del cerebro –particularmente del sistema límbico–, esta reacción norepinefrínica y epinefrínica de las glándulas suprarrenales que inyectan adrenalina en el torrente sanguíneo, capaz de alistarnos para un probable ataque, maximizando nuestra concentración en la realidad.

Un proceso similar ocurre en la etapa del enamoramiento, con la diferencia de que su duración es significativamente mayor. Sin embargo, la curva que refleja el enamoramiento y la curva que refleja una descarga de adrenalina son, en esencia, la misma. Cuando nos empieza a atraer una persona, esa curva tiende a ascender, y en alrededor de unos seis o diez días de convivir con esa persona especial, esta curva puede estar en un nivel muy alto, lo que refleja no solo elevados niveles de adrenalina, sino de otras distintas sustancias que a continuación examinaremos brevemente.

En primer lugar, tenemos a la endorfina, un neuropéptido de cadena corta que se produce en el espacio periacueductal del mesencéfalo. Este neurotransmisor es el precursor de un estado de bienestar generalizado; se libera, por ejemplo, cuando hacemos ejercicio. De hecho, a esta sustancia también se le conoce como endomorfina, una morfina interna, pues disminuye el dolor. No es sorpresa, por ende, que cuando estamos enamorados tengamos una tendencia hacia la alegría, a una disminución del dolor y a una maximización del bienestar.

Un segundo neurotransmisor producido durante el enamoramiento es la dopamina. Esta sustancia activa los centros de placer en nuestro cerebro, lo que deriva en un consistente estado de alegría en esta etapa con nuestra pareja. Como dato importante, la dopamina está involucrada en todo aquello que tenga relación con las adicciones (del tipo que sea). Así, para la clásica pregunta de la sabiduría popular "¿por qué todo lo que me gusta me hace daño, me engorda o es pecado?", la respuesta científica nos dicta que el ser humano presenta una tendencia a repetir aquello que produce dopamina, independientemente de que sea saludable o no.

La norepinefrina, mejor conocida como adrenalina, es una tercera sustancia también producida durante la etapa del enamoramiento. Se trata de una hormona que nos conduce a un estado de alerta a la vez que nos produce angustia, lo cual explica por qué muchas canciones románticas, desde los tiempos incluso anteriores a los de nuestros abuelos, a menudo hacen referencia a un estado de ansiedad flotante que ocurre cuando estamos enamorados. Esto no es una coincidencia, pues el cuadro completo de síntomas en un enamoramiento comparte similitudes con lo que en psiquiatría se conoce como *acatisia*: un estado de impasibilidad o inquietud en las personas. Así, la persona enamorada tiene dificultades para dormir, ya que la norepinefrina lo hace permanecer intranquilo.

También hemos de contemplar la oxitocina, una hormona que se presenta en personas enamoradas, pero que está presente de manera particular en las mujeres. La oxitocina es un neurotransmisor vinculado con la empatía, lo que significa que quienes padecen de "mariposas en el estómago" son personas cuyo espíritu crítico se reduce drásticamente. Cuando, por ejemplo, una mujer es madre de un recién nacido, sus niveles de oxitocina se incrementan. Ello explica que no se enoje cuando su bebé la despierta en la madrugada porque tiene hambre; la oxitocina la vuelve más empática que la persona promedio y además reduce su capacidad crítica. Cabe reafirmar, por supuesto, que esta pérdida temporal del juicio crítico también ocurre en los varones durante el enamoramiento.

> No es posible "reavivar la llama del amor" –como dicen por ahí–, pues los receptores de las neuronas, una vez que se han adaptado a un tipo de estimulación (en este caso, a las feromonas producidas por la convivencia con la pareja) nunca más volverán a experimentar la misma reacción.

Si reflexionamos sobre los puntos anteriores, comprenderemos que el enamoramiento es, en términos técnicos, una especie de intoxicación cerebral transitoria, e incluso podemos verlo también como una suspensión temporal del juicio racional, pues la actividad del sistema límbico inhibe la actividad de la corteza. Nuestro juicio crítico, el cual engloba la capacidad para ver defectos, se disminuye para propiciar la conservación de la especie.

Sin embargo, quizás el aspecto más importante en relación con el enamoramiento, y que sería fatal ignorar, es que nuestro cerebro presenta una tendencia hacia la homeostasis o equilibrio. En otras palabras, invariablemente, sin importar qué tan intenso sea el enamoramiento que experimentemos, nuestro cerebro siempre buscará reducir a cero el estímulo –y los neurotransmisores involucrados– a través de la adaptación de los receptores químicos de las neuronas. Como ya lo expliqué anteriormente, así como cuando pasamos por algún susto que altera significativamente nuestro estado de ánimo y nuestro cerebro tiende a regularse hasta llegar a la homeostasis, así también sucede con el enamoramiento. No es posible, por lo tanto, "reavivar la llama del amor" –como dicen por ahí–, pues los receptores de las neuronas, una vez que se han adaptado a un tipo de estimulación (en este caso, a las feromonas producidas por la convivencia con la pareja) nunca más volverán a experimentar la misma reacción.

Si comprendemos que el enamoramiento tarde o temprano va a desaparecer, es entonces un grave error pensar que un predictor del éxito de una relación es la potencia del enamoramiento que sentimos hacia nuestra pareja. Podrás experimentar el idilio de tu vida con cierta persona, pero eso no equivale a pensar que permanecer con esa misma persona será la decisión correcta. Incluso es necesario advertir que muchas veces sucede exactamente lo contrario: quien se casa o decide

> Si comprendemos que el enamoramiento tarde o temprano va a desaparecer, es entonces un grave error pensar que un predictor del éxito de una relación es la potencia del enamoramiento que sentimos hacia nuestra pareja.

vivir con alguien cuando experimenta un profundo enamoramiento, está tomando la peor decisión en el peor momento posible. ¿Por qué? Como ya lo expliqué, en esta etapa más carecemos de racionalidad.

Aunque nos pueda llegar a sorprender o hasta doler, todo lo anterior es claramente contrario a las ideas erróneas sobre el amor que se nos han inculcado en la vida. Estas ideas podrían incluso ir en contra de lo que un sinnúmero de madres con muchos años de matrimonio pero poca reflexión al respecto piensan sobre el amor, cuyas creencias comparten a sus hijas a pesar de que justamente dichas creencias las han llevado al fracaso en su relación.

Cuando una chica le comenta a su madre que le acaban de proponer matrimonio, muchas madres tienden a decir cosas como "hija mía, no sabes cuánto me encanta verte tan enamorada. Te veo muy feliz y puedo observarlo en tus ojos. Y cuando suspiras profundamente, no tengo duda de que solo estás pensando en tu novio, perdidamente enamorada". ¿Te suena familiar? Bueno, esto no es amor. La hija suspira porque tiene un ataque de hipoxia temporal, es decir, una reducción de oxígeno en la sangre. Cuando estamos enamorados, nuestra producción de glóbulos rojos es de alrededor de unos 4 o 4.2

millones de glóbulos rojos por milímetro cúbico en la sangre. Cuando la fuente de afecto está lejos de nosotros, esa producción baja a unos 3 o 3.1 millones de glóbulos rojos, lo que nos fuerza a suspirar con la intención de extraer más oxígeno. Esa es la causa de nuestros suspiros, no una creencia errónea sobre lo que significa el verdadero amor.

El *ágape* es el cuarto término que los griegos emplearon para referirse a un sentido del amor muy particular: el amor oblativo, o bien, el amor de entrega y decisión. Es, por excelencia, el verdadero amor del que tanto se habla y el cual se busca, y que solo tiene lugar en los seres humanos. El *ágape* no surge de las hormonas o de una reacción bioquímica, sino de aquello que nos hace seres humanos, ¿lo recuerdas? Estamos hablando de la inteligencia, la voluntad y la libertad. Por esta razón, aquello que distingue el amor humano del amor animal (el ἔρως o enamoramiento) es esa decisión que surge de nuestra inteligencia y nuestra voluntad en un contexto de verdadera libertad de buscar el mayor bien posible de una persona. Esta puede ser una forma un tanto simple de definir el amor, pero ello no quiere decir que sea superficial.

> Si ves a tu hija suspirando por estar muy enamorada, esto no es signo de amor, sino de un episodio de hipoxia temporal.

El ἀγάπη (*agápē*) se constituye de tres elementos:

1. Se fundamenta en nuestra inteligencia y nuestra voluntad, cuestión en la que profundizamos anteriormente.

2. Es una decisión personal.
3. Es una decisión unilateral.

> El amor no es una decisión que tomas con tu pareja, sino una decisión que te corresponde solo a ti.

Veamos: es una decisión personal y no de una en pareja. Vale la pena reafirmar tal aseveración: el amor no es una decisión que tomas con tu pareja, sino una decisión que te corresponde solo a ti. Así, es posible que en una relación pueda haber enamoramiento de las dos personas, tal vez más intenso en una de ellas; incluso podría haber una convivencia funcional entre el hombre y la mujer, pero si ninguno de los dos ha tomado la decisión personal de amar, la relación no podrá ser sostenible.

De hecho, si has prestado atención en alguna boda que sigue la tradición judeocristiana –e incluso en la mayoría de las tradiciones–, los novios no dicen que se están jurando amor; más bien, sus palabras reflejan esta decisión individual de la que te estoy hablando: "Yo prometo serte fiel en lo próspero y en lo adverso, en la salud y en la enfermedad hasta que la muerte nos separe". Y en caso de que aún sigas pensando que no es así, considera lo siguiente: por definición, las parejas son incapaces de decidir porque una pareja es, en sí, una abstracción.

Así, el ἀγάπη (*agápē*), verdadero amor o amor oblativo, es una decisión que solo te pertenece a ti, pues, en el caso de que solo leas este capítulo, te habrá servido saber que, independientemente de lo maravillosa que pueda ser la persona con la que estás o con la que puedes estar, esto es irrelevante para efectos de que tú decidas amar. En otras palabras, el hecho de que tú decidas buscar el bien de tu pareja es independiente de lo que esta lleve a cabo y, por ello, este segundo elemento, que es la unilateralidad del amor, es de una importancia fundamental. Se trata de un aspecto no solamente moral, sino también psicológico, ya que si el amor humano no fuese así, su aniquilación sería inevitable.

Ahora tendríamos que revisar por qué el amor no puede ser una cuestión bilateral (yendo más allá del hecho de que una pareja no es más que una abstracción). ¿Has escuchado la expresión "el amor es como una plantita que regamos entre tú y yo"? Suena muy bien; pero, además de cursi, es un error conceptual básico.

La razón es que si yo riego una planta y pongo tanta agua y fertilizante como alcanzo a ver que la otra persona lo hace, invariablemente la tendencia es percibir que *le estoy poniendo de más*. Este es un principio de la conducta humana: la tendencia a ver con toda claridad nuestros esfuerzos personales y con poca contundencia el esfuerzo de los demás.

Este sesgo de la percepción es llamado por la psicología social como sesgo de autoservicio, y nos ocurre en situaciones tan cotidianas, simples y objetivas como la de un semáforo que marca el alto. Si voy conduciendo y cruzo conscientemente un semáforo en luz roja, probablemente no tendría problema en justificar mi manera de actuar, ya sea porque traía prisa, porque el semáforo aún estaba en luz ámbar antes de que cruzara o porque no había transeúntes. Por otro lado, si observo que alguien cruza un semáforo que indica luz roja, mi tendencia (y la de la mayoría de la gente) será la de reprobar dicha conducta sin importar la justificación de la otra persona.

Quien para esforzarse en amar pretende utilizar como referencia la medida en la que percibe que el otro se esfuerza, invariablemente caerá en la certeza de que se afana más que el otro, y eso llevará a la *muerte* de la relación, inexorablemente.

Por eso, cuando las parejas se plantean la idea de comprometerse a hacer cada uno determinadas cosas, cada quien piensa que la otra persona necesita cumplir con algo que había prometido hacer para que la primera actúe en consecuencia, cumpliendo con otra tarea o promesa. ¡Sucede, sin embargo, que ambas personas terminan pensando así, lo que conduce a un compromiso vacío por parte de ambos! Síntesis: olvídate de una vez por todas de ideas como "yo cambio x-y-z si tú primero cambias a-b-c". Es una idea absurda. Haz lo que debes simplemente porque es bueno hacerlo. Punto final.

El amor verdadero es, por lo tanto, una decisión tuya y que no puedes ejercer en función de lo que tu pareja realice. Y por ello, también, la decisión de con quién casarse es la decisión más importante de tu vida, pues una vez que hayas determinado procurar el bien de esa persona, la decisión será únicamente tuya y para siempre; no tiene vuelta atrás, y si la tuviera, entonces no sería amor. Así, si examinamos brevemente la ideología de las llamadas relaciones libres o relaciones en unión libre, la cual se refleja fielmente en una expresión como "¿para qué quieren que nos casemos? A final de cuentas, yo quiero estar con él o con ella, y lo importante es que él o ella quiera estar conmigo", podremos notar que lo que sobresale es la cuestión del querer estar con alguien. ¡Pero eso es en realidad la antítesis del amor verdadero! El amor verdadero va mucho más allá de un simple *quiero*. Más bien, *decido* buscar el mayor bien posible a esta persona, independientemente de lo que ella haga.

La radical importancia de entender la diferencia entre *querer estar con alguien* y *decidir buscar el bien de alguien* es la esencia de este texto. Retomaremos el tema más adelante, lo que nos ayudará a entender por qué en última instancia el noviazgo consiste justamente en ese discernimiento para elegir a la persona a la cual se le procurará el mayor bien posible sin esperar nada a cambio.

Finalmente, el tercer elemento del ἀγάπη (*agápē*) es su incondicionalidad, como tal vez habrás intuido a partir de lo que mencioné sobre no basar el amor por tu pareja en lo que esta haga o lleve a cabo. Volvamos por un momento a ese conocido escenario donde una pareja de novios se encuentra frente al altar. Las palabras recitadas no van por la línea de "te prometo amar en lo próspero y en lo adverso... pero se aplican restricciones", porque de serlo así, entonces no sería amor. Así, de la misma manera, mi propuesta de amar no puede consistir en absoluto en permitir que alguien me dañe a mí o a alguien más, porque no sería amor. Si mi amor no es integral, no sería amor. Y si el amor no es bueno para todas las partes..., ya sabes el resto. Podemos entonces sostener que, sin duda alguna, para edificar el verdadero amor se requiere de mucho trabajo, y aun en las condiciones más extremas, hemos de buscar el mayor bien de nuestra pareja si estamos decididos a amar. Esto es verdad incluso cuando el otro no nos corresponda, o cuando pensamos que no lo hace.

"Eso del mayor bien posible suena muy bien –dirás–, pero ¿cuál es el bien mayor que le puedo entregar a mi pareja?". Ante esta duda, es conveniente pasar de la filosofía y la psicología a una antropología realista para que podamos comprender en qué debería consistir un comportamiento que refleje esta intención. Si afirmo amar a mi esposa, esto no es otra cosa más que el esfuerzo cotidiano, constante, irrevocable, libre, consciente y unilateral de cuidar su salud física, emocional, social y espiritual. Dice a este respecto el papa Benedicto XVI en su encíclica *Deus Caritas Est*: "Ahora el amor es ocuparse y preocuparse por el otro. Ya no se busca a sí mismo, sumirse en la embriaguez de la felicidad, sino que ansía más bien el bien del amado: se convierte en renuncia, está dispuesto al sacrificio; más aún, lo busca".

A manera de síntesis de este capítulo, diría que el amor como popularmente se entiende, en realidad es solo enamoramiento, una reacción bioquímica y psicológica de agrado por estar cerca

> El amor como sugiero que lo comprendamos a partir de este primer capítulo es la decisión, fruto del discernimiento de la inteligencia y el ejercicio de la voluntad, para procurar el mayor bien posible de la otra persona, de manera unilateral, incondicional y permanente.

de una persona. El amor como sugiero que lo comprendamos a partir de este primer capítulo es la decisión, fruto del discernimiento de la inteligencia y el ejercicio de la voluntad, para procurar el mayor bien posible de la otra persona, de manera unilateral, incondicional y permanente. "Si el hombre pretendiera ser solo espíritu y quisiera rechazar la carne como si esta fuera una herencia meramente animal, espíritu y cuerpo perderían su dignidad", afirma el papa Benedicto XVI en *Deus Caritas Est*.

## Ideas para reflexionar y poner en práctica

a) Si amar es una decisión y no un sentimiento, ¿actualmente qué estás esperando de tu pareja que más bien deberías aceptar incondicionalmente y olvidarte de querer cambiar?

b) ¿Qué acción que te cuesta trabajo pero que es una clara muestra de tu decisión de buscar el bien de tu pareja podrías hacer hoy durante cinco o diez minutos?

c) ¿Cuál comportamiento conviene que modifiques para el bien tuyo y de tu pareja y que no debe depender de lo que él o ella haga, sino simplemente por la convicción de que conviene hacerlo?

d) ¿Cuáles son las canciones con las que más te identificas en relación con el amor? ¿Qué definición tienen implícita esas canciones respecto al amor?

# Capítulo 2. Prioridades mal pensadas

*La idea de ser expatriado es buena para la carrera de mi esposo, pero no me imagino estando lejos de toda la ayuda que me da mi familia.*

Ericka, 31 años

*Tras la muerte de mi suegro, mi esposa se ha entregado en cuerpo y alma a cuidar celosamente la salud de su mamá, la cual curiosamente se enferma cuando finalmente mi esposa me hace caso a mí.*

Jorge Alberto, 43 años

En nuestra cultura hispana, es difícil encontrar personas que después de veinte o treinta años de matrimonio señalen que la principal fuente de plenitud en la vida radica en la convivencia con su esposo o esposa. No digo que no existan, solo que dista mucho de ser una mayoría. Si pensamos simplemente en nuestro primero o segundo círculo de amistades y familiares, no es lo común. La explicación es, en realidad, bastante sencilla: la paradoja de la pareja y la familia hispana se explica a sí misma, pues precisamente nuestra cultura colectivista, el culto a la unión familiar, en muchas ocasiones complica el culto a la vida en pareja. El desafío consiste en el manejo adecuado de lo que en el psicoanálisis se conoce como catexia.

La catexia es, en esencia, la energía nuestra que consume una persona, cosa o situación. Es decir, la lista de prioridades vinculantes que tienes en tu vida, sean personas, intereses, negocios, el pasado, el futuro u objetos. Hay quien primariamente está vinculado con su pasado, con lo que tuvo o lo que fue; hay quien lo está con su automóvil; quien lo está con sus padres, con sus hijos, con donde vivió, con sus familiares y un largo etcétera.

Así, un buen ejercicio sería listar y analizar brevemente tus catexias; luego, preguntarte en qué lugar se encuentra tu pareja. Te recomiendo que seas honesto contigo mismo; si resulta que tu pareja en efecto no es tu mayor prioridad o catexia, tienes que saberlo. También deberías saber que, si este es el caso, perteneces, desafortunadamente, en mayor o menor grado a la gran mayoría de la población. Desde luego, no es lo mismo tener a la pareja en segundo lugar que en séptimo. En Latinoamérica se han llevado a cabo diversos estudios sobre las

## Capítulo 2. Prioridades mal pensadas

prioridades de nuestra cultura, y los resultados, tristemente, apuntan a un panorama desolador: la prioridad número uno del varón promedio es cualquier cosa, interés o persona, menos su esposa.[1,2] Entre esas prioridades, podemos encontrar desde la propia madre, el trabajo, el fútbol, los videojuegos y hasta las redes sociales, mientras que la esposa se encuentra incluso hasta en el sexto lugar de sus catexias. De hecho, tal situación es común en personas que cuentan ya con unos cuantos años de casados.

> Hay quien primariamente está vinculado con su pasado, con lo que tuvo o lo que fue; hay quien lo está con su automóvil; quien lo está con sus padres, con sus hijos, con donde vivió, con sus familiares y un largo etcétera.

A manera de ilustración, consideremos la industria del espectáculo. No es sorpresa para nadie enterarse de que las personas inmersas en ella y que están constantemente frente a las cámaras experimenten un alto grado de divorcios. Ahora bien, es claro que los tiempos han cambiado y que las redes sociales han popularizado esa atención que antes solo era propia de las celebridades de Hollywood, pero el patrón cambió únicamente de sujeto, pues las circunstancias continúan siendo

---

[1] Díaz-Guerrero, R. (2003). *Las garras de la cultura*. México: Trillas.
[2] De Garay Hernández, J., Díaz-Loving, R., Frías Cárdenas, M. T., Limón González, B., Lozano Verduzco, I., Rocha Sánchez, T. E., & Zacarías Guerra, M. (2009). Intereses y valores en jóvenes mexicanos. *Enseñanza e Investigación en Psicología, 14*(2), 295-309.

prácticamente las mismas que las de hace ochenta años. Si tuvieses la oportunidad de entrevistar a la pareja sentimental de un *influencer* o de una persona muy seguida en redes sociales con el objetivo de conocer qué tan exitosa es su vida en pareja, te darías cuenta de que es muy complicado mantener una relación afectiva con personas cuya carrera está íntimamente vinculada a estos medios. ¿La causa? Una lista desequilibrada de catexias donde las prioridades de la estrella de YouTube están vinculadas consigo misma o con la forma en la que luce, ya que su imagen tiene un impacto considerable en sus seguidores. Y si bien una vida así de seguro no carece de *glamour* u otras ganancias ulteriores, sí causa una frustración significativa en su pareja sentimental, porque cuando llega el momento de buscar una conexión a través de la conversación cotidiana, mientras nuestra estrella aparenta escuchar a su pareja, su cerebro dirige su atención a los *likes* que su último vídeo o comentario ha generado en redes sociales.

Al respecto de esta mala priorización, Eric Berne, en su libro *¿Qué dice usted después de decir hola?*, alude precisamente a la pregunta sobre qué hacemos una vez que nuestros rituales diarios han finalizado, como la jornada laboral o los deberes caseros. En esencia, la pregunta que vale la pena formular una vez que nuestros rituales sociales han terminado es la siguiente: ¿que hay en nuestro espacio mental una vez que estamos libres de toda preocupación, al menos, por el resto de este día? La respuesta a esta cuestión te ayudará a examinar el orden de tus catexias; a diagnosticar en qué estás pensando constantemente, y a reordenarlas como consideres más adecuado.

## Capítulo 2. Prioridades mal pensadas

> El matrimonio es una exigencia de entrega radical como ninguna otra relación.

Asimismo, si recordamos los cuatro distintos tipos de amor mencionados en el capítulo anterior, φιλία (*philia:* amistad), στοργή (*storgé:* protección a los hijos), ἔρως (*eros:* atracción o enamoramiento) y ἀγάπη (*agápē:* amor oblativo como decisión), una primera reflexión es que podemos relacionar *philia* con catexia y concluir que la única forma de lograr la mejor amistad posible con nuestra pareja y, además, que el vínculo matrimonial sea una fuente de energía y alegría es convirtiendo a nuestra pareja en la principal catexia o prioridad de nuestra vida.

Con la intención de buscar ese cambio paulatino pero constante hacia esta nueva manera de contemplar a nuestro esposo o esposa, te compartiré una serie de razones por las cuales tu pareja debe ser lo más importante en tu vida, sobre lo cual tu vida gire a muchos años luz de distancia de cualquier otra prioridad, como los hijos, el trabajo u otras responsabilidades.

## Por la gestión de la energía vital

La primera razón por la cual debes contemplar a tu pareja como lo más importante en tu vida es que se requiere particular energía para formar una amistad entre un hombre y una mujer en la vida adulta. Esto se debe a que las diferencias entre el hombre y la mujer –como indicaremos con mayor profundidad en el capítulo 5– son evidentes, lo cual vuelve más sencillo para el varón buscar amistades con hombres, y para la mujer, amistades con mujeres. Entonces, edificar esa amistad con tu pareja requiere esfuerzo consciente y fuerza de voluntad para sostener la relación una vez que la etapa del enamoramiento termina. Dedicar la energía debida a esta empresa rendirá frutos, y tú y tu pareja serán los mejores amigos, verdadero regalo de Dios.

En la vida conyugal se espera entonces que el esposo y la esposa sean los mejores amigos a partir del descubrimiento del mundo de cada uno. Este uso concreto de la inteligencia, voluntad y creatividad no se debe limitar únicamente a conocer la biografía de cada uno, sino que debe apuntar, además, a construir un mundo que les pertenezca a ambos. De este modo, un rumbo mutuo les abre camino a hijos, amistades, ideales, en fin, a un horizonte entero juntos. Por supuesto que este planteamiento rompe de manera radical con una de las premisas fundamentales de la posmodernidad, a saber, la elevación absoluta de la individualidad, y esa es la intención. Pues como ya hemos observado con anterioridad, el matrimonio exige la disolución del límite de lo individual para convertirse en un horizonte absolutamente unitivo.

Así, la primera razón por la cual tu esposa o tu esposo debe ser la principal prioridad en tu vida es porque se requiere de esa prioridad máxima para poder contar con la energía y disposición necesarias para compartir tu mundo con esa persona y que tú seas capaz de recibir el suyo, y, al mismo tiempo, construir un mundo en común.

Capítulo 2. Prioridades mal pensadas

## Por la funcionalidad que otorga el que nuestra vida gire en torno al esposo o esposa

La segunda razón para colocar a tu pareja por encima de cualquier otra catexia es porque la funcionalidad de un matrimonio surge de la capacidad de no friccionar, sino de sinergizar hacia una misma perspectiva de vida. El matrimonio es, en este sentido, una exigencia de entrega radical como ninguna otra relación; por ejemplo, si dejo de asistir al gimnasio por cuestiones de una carga laboral mayor, las consecuencias se reducen al incremento de mi peso y grasa corporal, por un lado, y a menores ganancias para el establecimiento, por el otro. Sin embargo, en el matrimonio no puedo decirle a mi esposa: "Querida, sabes que te amo mucho, pero este año se viene con una carga de trabajo que para qué te cuento, así que mejor nos vemos el próximo año".

Para aclarar aún más mi punto, piensa en la siguiente analogía: al andar en bicicleta es necesario pedalear con ambos pies para poder avanzar. Es suficiente que uno de los pies cese de realizar el movimiento para reducir la velocidad hasta el punto de detenerse por completo. Pues bien, lo mismo sucede con el matrimonio. Los matrimonios no pueden funcionar a medias. Esta relación de convivencia entre dos personas resulta muy radical porque implica la invasión de dos intimidades que, si no constituyen verdaderamente una unidad profunda, serán entonces dos entidades que se friccionan por la existencia misma. Recuérdalo: Cuando no hay unidad, solo hay fricción, por cosas profundas o por las más superficiales tonterías.

## Capítulo 2. Prioridades mal pensadas

## Por la naturaleza frágil del vínculo que supone el matrimonio

Un tercer motivo para priorizar el mayor bien de tu pareja por sobre todo lo demás es porque tu matrimonio es, en realidad, la relación más frágil que tienes. En caso de que estés en desacuerdo o lo veas de una forma distinta, considera, a manera de ilustración, que la relación de padres e hijos tiene muchos vínculos en comparación con la que vives con tu pareja conyugal. Ello explica por qué resultaría demasiado extraño escuchar en la calle a alguien que diga: "¿Ves a esa señora que va por allá? Ella es mi exmamá". Similarmente, puedo dejar de frecuentar a un hermano por cinco años y, al encontrarlo de nuevo, notar que la relación se mantiene tan buena o hasta mejor que la última vez que nos vimos. Esto es porque hay muchos lazos que nos unen a ese hermano y a mí, como ser hijos del mismo vientre y, por ende, compartir una gran cantidad de estructuras genéticas, o haber sido adoptados por la misma familia.

Pero, en el matrimonio, ¿qué nos mantiene unidos? Exceptuando nuestra voluntad, parece no haber nada más que lo haga. Así pues, el vínculo marital es una relación caracterizada por su fragilidad psicológica. Que esto no te confunda; no sostengo aquí que las personas sean frágiles, sino que debido a que nuestra voluntad es lo único que puede dar firmeza al matrimonio, se trata de un vínculo muy frágil. Partiendo de la misma noción, imagina que tienes tres hijos y uno de ellos padece una enfermedad que lo vuelve más vulnerable que el resto. Ello hace que al hijo con la condición más precaria le dediques mayor energía y atención, lo que no implica que no ames al resto de tu descendencia, o a tus padres o hermanos. Lo único que refleja es que, debido a que aquello que es frágil requiere un mayor esfuerzo, es de esperarse que tome mayor energía y se vuelva más prioritario.

## Por el bien de tus hijos

Paradójicamente, el mayor bien que les podemos ofrecer a los hijos es que ellos no se vuelvan nuestra principal prioridad. Es completamente adecuado que una pareja tenga como uno de sus fines el mayor bien posible de los hijos, pero para que esto sea así, la unión de los padres es primordial e imprescindible; de no ser este el caso, los hijos pueden sufrir consecuencias un tanto severas.

Por ejemplo, la separación de los padres de un niño entre los tres y cinco años de edad ha sido abordada profundamente por diversos estudios psicoanalíticos, así como por los teóricos de la psicología del desarrollo, y las consecuencias derivan en una especie de ansiedad indecible y libremente flotante en el niño o niña que experimenta la ruptura de sus padres. En la mayoría de estos casos, el pequeño señala verbalmente que se siente culpable por la situación que él piensa que ha suscitado. La tarea del psicoterapeuta es entonces hacerle saber al niño que sus padres lo aman y que siempre estarán ahí para él, pero por una diversidad de razones ajenas al chico no pueden estar juntos. Esta manera de proceder del psicoterapeuta es, sin duda, la mejor que le puede ofrecer al niño, pero la herida que la ruptura paternal deja en el pequeño es muy fuerte, pues se trata de una ruptura que ocurre en la propia introyección que tiene el menor de sus padres. En otras palabras, antes de la ruptura, el niño tenía una noción integrada de su padre y su madre como una entidad psicológica que vivía en unidad, pues a la corta edad de cuatro años no es capaz de percibir que sus padres son personas independientes. La ruptura entre padre y madre es entonces la causa de una herida profunda en la vertebración psicológica del niño.

Durante la adolescencia, por otro lado, las consecuencias de una ruptura entre los padres no resultan en una ansiedad grave para el menor, sino en una profunda desestructuración que conlleva una pérdida de límites, tales como una mayor volatilidad de criterios para obtener permisos, ejecutar obligaciones de colaboración en casa y muchas más. Es paradójico, pero los adolescentes aparentemente desean romper toda estructura de límites y constantemente la someten a prueba; sin embargo, en el fondo justamente desean encontrarla, más amplia, menos rígida, pero sólida. Este hecho nos ayuda a entender que no hay nada peor que la discordia entre los padres, sobre todo en cuestiones relacionadas con los límites que hay que imponer a los hijos y los valores que hay que inculcarles.

> Más de uno pensará que los chicos en esta etapa buscan la libertad que sus padres aún no les otorgan, pero contrario a lo que proyecta, el adolescente anhela encontrar esos límites impuestos por sus padres; anhela hallar esa estructura que aún no es capaz de construir por sí mismo.

## Capítulo 2. Prioridades mal pensadas

> Si en la convivencia con hijos adolescentes ocurre que tú y tu pareja se encuentran en desacuerdo sobre una determinada cuestión, lo más prudente es demostrar que hay acuerdo y unidad; posteriormente, a solas, deben abordar el tema y resolver las diferencias o esclarecer sus percepciones.

Ahora bien, ¿qué implica procurar esta unidad y concordia entre los padres? Un ejemplo sencillo que ilustra cómo perder el estado armonioso con nuestra esposa o esposo lo comparte el padre Ángel Espinosa de los Monteros, conocido sacerdote legionario de Cristo: "Gánale todas las discusiones a tu pareja y ganarás la discusión, pero perderás su corazón". La sabiduría del padre Ángel es esencial para que todo matrimonio comprenda la necesidad de acostumbrarse a ser cómplices uno del otro, aun en el error técnico. Para fines prácticos: si en la convivencia con hijos adolescentes ocurre que tú y tu pareja se encuentran en desacuerdo sobre una determinada cuestión, lo más prudente es demostrar que hay acuerdo y unidad; posteriormente, a solas, deben abordar el tema y resolver las diferencias o esclarecer sus percepciones. Asimismo, es incluso mejor que, como pareja, se acerquen a sus hijos ofreciendo una disculpa y cambiando de opinión en conjunto si la situación lo amerita. Desacreditarse mutuamente provocará que los hijos tomen un bando, lo que frecuentemente termina en chantajes para conseguir lo que desean.

## Por compromiso ético

Una quinta justificación por la cual conviene que en el matrimonio cada cónyuge sea la principal prioridad del otro es por una cuestión ética. Imaginemos que le pido prestados cien dólares a un amigo porque los necesito para resolver un problema de corto plazo y prometo pagárselos el día 30 del mes. La fecha se acerca y voy entonces al cajero automático para retirar ese dinero que aún debo. Me dirijo a la oficina del amigo que me lo prestó, y momentos antes de ir a pagárselo me encuentro con otro amigo que me solicita que le preste cien dólares. Este último tiene un familiar en el hospital y necesita el dinero para cubrir gastos y necesidades derivados de esta situación. "Te pagaré en tres días sin falta", me dice.

Considerando que partimos de la premisa de que los actores de este ejemplo dicen la verdad y actúan de buena fe, es común para el hispanoamericano entrar hasta cierto grado en el dilema de qué debería hacer en un escenario como este. ¿Debería prestarle dinero a este amigo que urgentemente lo necesita, o debería pagar al amigo quien me hizo el favor de prestármelo? Si tu compás moral está bien alineado, sabrás que la respuesta correcta, evidentemente, es pagarle ese dinero a quien se lo debo, puesto que yo ya había acordado hacerlo así en determinada fecha y hora. El amigo a quien le debo dinero no me obligó a tomarlo; yo fui quien decidió pedirlo prestado. Así, aunque yo soy quien físicamente posee los billetes, ese dinero no me pertenece, moralmente hablando. Por lo tanto, se trata de un acto ético y justo cumplir mi palabra y pagar lo debido.

De manera análoga, en el matrimonio nos comprometemos a entregar nuestra existencia misma, como un acto libre, a la búsqueda cotidiana del bien verdadero de nuestra pareja.

No cabe duda de que existen muchas personas que necesitan de nuestro tiempo, dinero, esfuerzo y atención. Habrá momentos en los que nuestros padres no tendrán más remedio que acudir a nosotros para su auxilio, por ejemplo. Nuestros hijos o amigos también podrían requerir nuestro apoyo en diversas ocasiones, y es parte de ese vínculo el mostrar nuestra disposición en la medida de lo posible. Así, no resulta ético que la esposa piense como hija, madre o hermana antes que como esposa. Resulta inmoral que el esposo piense como amigo, hijo o hermano antes que como esposo. Porque antes de ser hijos, padres o hermanos, somos esposos. Así, al

> Resulta nulamente ético que la esposa piense como hija, madre o hermana antes que como esposa. Resulta inmoral que el esposo piense como amigo, hijo o hermano antes que como esposo. Porque antes de ser hijos, padres o hermanos, somos esposos. Así, al tratarse de una relación que nace de la libre elección, le pesa un compromiso prioritario radical.

tratarse de una relación que nace de la libre elección, le pesa un compromiso prioritario radical.

## Por una cuestión teológica

Finalmente, para aquellos que vivimos la tradición judeocristiana, una sexta razón para procurar a nuestra pareja por encima de todo, la encontramos en las Sagradas Escrituras: "Por eso el hombre deja a su padre y a su madre para unirse a su mujer, y pasan a ser una sola carne" (Gén 2,24); "De manera que ya no son dos, sino una sola carne. Pues bien, lo que Dios ha unido, no lo separe el hombre" (Mt 19,6). Estas citas de la palabra de Dios reflejan un deber que va más allá de la moral y que incluso alcanza la esfera teológica, pues no hay ninguna relación que haya sido elevada al nivel de sacramento como el matrimonio. Tenemos entonces que el aspecto sagrado le añade aún más importancia y seriedad a la mayor decisión que un ser humano pueda tomar: escoger a su compañera o compañero de vida.

De modo que para aquellos que son padres, la infancia de sus hijos es la etapa ideal para no solo dar ejemplo, sino además dejar claras las ideas fundamentales sobre el matrimonio y la sacralidad que este implica. Conviene que los niños sepan que la relación conyugal es la que mayor trascendencia tiene y que, en consecuencia, han de prepararse lo mejor que puedan para tomar la decisión de con quién compartirán su vida con el mejor criterio posible.

Pero ¿en qué consiste dicha preparación? Cuando son niños, tenemos que empezar por lo más básico: formarlos para tomar una decisión libre cuando llegue el momento, tal vez dos décadas después. Me refiero a la formación de la virtud, porque solo la virtud nos da libertad. Sin virtud, es decir, sin hábitos bien forjados para la búsqueda del bien honesto, no podemos actuar en función de lo que realmente nos conviene, sino solo de lo que se nos antoja temporalmente.

Dicho de manera simple: de las mejores herencias que podríamos dar a nuestros hijos de cara a que cuando sean adultos puedan tener una buena relación de pareja, se encuentra, en primera instancia, la capacidad de controlar sus impulsos. Me refiero a la templanza. En la medida en la cual forjemos cierto nivel de tolerancia a la frustración, tendremos en el futuro a un joven adulto capaz de decidir correctamente, más allá de lo que sus impulsos, como el enamoramiento, le inclinen a hacer. Eso es realmente libertad, no la capacidad para hacer lo que se nos antoje –en realidad, eso puede ser esclavitud de los impulsos–, sino la capacidad para elegir lo que realmente nos conviene en todo sentido, aunque cueste trabajo, aunque implique renunciar a lo en ocasiones placentero de una relación destructiva o inmoral.

## Ideas para reflexionar y poner en práctica:

a) ¿Tu pareja tiene lo suficientemente claro que él o ella es lo más importante en tu vida? ¿Y si se lo preguntas?
b) ¿A cuál actividad de tu calendario deberías dedicarle menos tiempo para aumentar el tiempo de diálogo profundo con tu pareja?

c) ¿De qué forma la cultura en la que creciste te enseñó a estructurar tus prioridades en la vida? ¿Has aprendido de otras culturas al respecto?

# Capítulo 3. Un noviazgo acertado

*El noviecito de mi hija de 15 años es todo un galán. Se ven divinos juntos.*

Elena, 43 años

*Yo soy de la idea de que mi pareja me debe el mismo nivel de entrega y compromiso que una esposa a su esposo; después de todo, tenemos una relación muy seria.*

Juan Pablo, 29 años

*Estoy segura de que Ricardo abandonará su actitud de ira una vez que abandone los estímulos negativos en su casa; cuando nos casemos todo será mejor.*

Paula, 25 años

Recordando lo comentado anteriormente sobre la necesidad de examinar los paradigmas de nuestra cultura y así encontrar los errores más comunes en torno al tema del amor, en este capítulo partiré de la misma idea, pero abordando una cuestión específica: el noviazgo. Tal vez algunas de las ideas que aquí presente serán más disruptivas de lo que debiesen. Lo más sorprendente es que no deberían sorprendernos. Dice a este respecto el papa Francisco en su segundo capítulo de la encíclica *Amoris Laetitia*: "Los cristianos no podemos renunciar a proponer el matrimonio con el fin de no contradecir la sensibilidad actual, para estar a la moda, o por sentimientos de inferioridad frente al descalabro moral y humano. Estaríamos privando al mundo de los valores que podemos y debemos aportar".

A lo largo de varios años, en distintos contextos, tanto empresariales como personales, e incluso religiosos, en los que me han invitado a dar alguna conferencia o taller sobre estos temas, he lanzado la pregunta *¿qué es el noviazgo?* Últimamente he podido hacerlo con mayor agilidad gracias a la tecnología, que permite, ya sea frente a un grupo presencial o virtual, lanzar la pregunta y recibir respuestas en una *tag/word cloud* o nube de palabras. Agrupándolas todas, veríamos algo así:

LO QUE SIGUE DE LA SOLTERÍA
MUESTRA DE VERDADERO AMOR
UNION DE DOS PERSONAS QUE SE QUIEREN
ETAPA CON UN COMPROMISO MENOR
**PREMATRIMONIO**
COMPROMISO
**ETAPA DE LA VIDA**
ETAPA PARA CONOCERSE
PROMESA **RELACION SERIA**
FORMA DE VIVIR LAS RELACIONES DE PAREJA
**FORMALISMO**
COMPLICARSE LA VIDA

Empecemos por una breve pero importante clarificación conceptual: la palabra *normalidad*. Esta palabra tiene múltiples acepciones, pero distingamos, particularmente, dos de ellas: una es la normalidad desde el punto de vista estadístico, y la otra, desde el punto de vista prescriptivo. La primera se refiere a aquello que se encuentra en medio de una distribución normal (o una campana de Gauss). Así, normal será un comportamiento que viva una mayoría de personas en un contexto determinado y hasta cierto punto de la desviación estándar.

La segunda acepción, la normalidad desde el punto de vista prescriptivo (y no solo descriptivo) o normalidad ética, hace referencia a aquello que resulta favorable al desarrollo de la naturaleza del ser en cuestión. En este caso, del ser humano y sus relaciones interpersonales, particularmente de pareja. La primera premisa de mi argumento es que normal es aquello que es conveniente a la naturaleza humana y no aquello que es estadísticamente común.

La caries es una enfermedad que afecta a la dentadura. Desde el punto de vista descriptivo, es normal para poblaciones como la de México tener un cierto número de caries en la dentadura, concretamente, 6.4 piezas dentales por persona en promedio.[1] Estadísticamente hablando, es normal tener caries. No obstante, cuando acudimos al odontólogo, nuestra expectativa no es que este nos compare con la media estadística, sino con un estándar que no se fundamenta en lo que la mayoría

---

[1] SIVEPAB (2019). *Resultados 2018 del sistema de vigilancia epidemiológica de patologías bucales*. Recuperado de
https://www.gob.mx/cms/uploads/attachment/file/525756/20200116_archivo_SIVEPAB-18_1nov19_1_.pdf

de las personas padece, sino en una noción de salud. Siguiendo esta premisa, cuando hablamos de noviazgo, de comportamientos y concepciones al respecto considerados como "normales", habrá que saber que existe una diferencia cuando hablamos de la normalidad a partir de una perspectiva descriptiva y cuando hablamos desde una perspectiva prescriptiva. Así que, a partir de ahora, el argumento de "es que la mayoría de personas..." o "siempre se ha sabido que...", vamos a suspenderlo. No por el hecho de que algo sea popular o de que la mayoría de la gente lo haga juzgaremos si ese algo es correcto o no; simplemente te pido que lo suspendas para poder profundizar en este ejercicio reflexivo.

La segunda premisa es que este tema del noviazgo, igual que la gran mayoría de nuestras dimensiones, opera de manera extremadamente lógica y predecible. Si deseamos tener resultados económicos excepcionalmente positivos, tendríamos que desarrollar una serie de hábitos excepcionalmente positivos, que claramente se pueden considerar fuera de la media estadística. Si tenemos hábitos claramente negativos al respecto, nuestros resultados derivarán en lo mismo. Esta misma premisa podría aplicarse a la salud física, mental y demás.

Casi al final de este capítulo presento una tabla que pretende ser una breve guía para aquellas personas que quisieran tener un matrimonio extraordinariamente positivo y que asumen que deberían tener comportamientos y perspectivas distintas a los de la mayoría. Deseo que estas páginas sean de utilidad también a padres de adolescentes, de preferencia antes de que sus hijos inicien relaciones que típicamente llamamos

## Capítulo 3. Un noviazgo acertado

de noviazgo. Con tristeza he visto que como padres todos quisiéramos el mayor bien para nuestros hijos en este tema, pero rara vez actuamos en consecuencia.

Si actuamos con base en lo que hacen la mayoría de las personas, en su generalidad, lo más lógico es que obtengamos los resultados que consiguen la mayoría de las personas, en cualquier campo humano. Las relaciones de pareja no son la excepción.

Para aquellos en busca de la mejor relación posible, compartiré una serie de perspectivas que corren el riesgo de sonar un tanto exageradas, anacrónicas, o incluso podría parecer que fueron extraídas de un mundo poco convencional, y hasta idealizadas. Efectivamente, ese es el caso desde el punto de vista estadístico y, de hecho, es mi intención. Esto es porque, como ya lo mencioné, en este capítulo me dirijo tanto a los jóvenes dispuestos a formar parejas extraordinarias, como a los padres de familia que quisieran preparar a sus hijos para constituir familias de esta misma talla.

Una tercera y última premisa para entender la idea principal que aquí se presenta es que hay un elemento que le añade complejidad al tema del noviazgo. Para este siglo XXI, la humanidad ha logrado elevar la expectativa de vida a niveles que hace solo dos siglos hubieran parecido imposibles. En consecuencia, esto ha generado una distancia cada vez mayor entre la edad psicológica y la edad biológica de los seres humanos. A principios del siglo XX, una persona de 15 años de edad del sexo femenino sería considerada plenamente una mujer adulta. Hoy, si bien es cierto que nos queda claro que, en general, la mujer madura más rápido que el varón, difícilmente asumiríamos a una mujer de 15 años como una adulta plenamente. Durante siglos y hasta hace relativamente muy poco, tal vez cuatro o cinco décadas, una mujer de 15 años se encontraba preparada biológica, hormonal, gonadal, psicológica y socialmente para contraer nupcias y para ser madre. La situación actual es, desde luego, muy diferente. Cuestiones como la expectativa de formación académica o de desarrollo profesional han generado que en nuestros tiempos se considere a una persona del sexo femenino de 15 años de edad como apenas una niña que se encuentra, digamos, a mitad de su educación formal, muy lejos de casarse o de dar a luz.

La notable diferencia que se observa actualmente entre las edades biológica y psicológica no puede menospreciarse, pues, desde el punto de vista biológico, puede considerarse que la edad de fertilidad óptima de una mujer sea alrededor de los 20 años,[2] pero esto no quiere decir que su edad psicológica sea lo

> Si actuamos con base en lo que hacen la mayoría de las personas, en su generalidad, lo más lógico es que obtengamos los resultados que consiguen la mayoría de las personas, en cualquier campo humano. Las relaciones de pareja no son la excepción.

---

[2] American Society for Reproductive Medicine (2013). *Edad y fertilidad: guía para pacientes*. Recuperado de
https://www.reproductivefacts.org/globalassets/rf/news-and-publications/bookletsfact-sheets/spanish-fact-sheets-and-info-booklets/edad_y_fertilidad-spanish.pdf

## Capítulo 3. Un noviazgo acertado

suficientemente avanzada –dentro de nuestro contexto posmoderno– para vivir la etapa de la maternidad con éxito, sin mencionar los factores económica y sociológicamente construidos. Así, la distancia entre el punto de vista biológico y el psicosociológico le imprime cierta complejidad a esta radical concepción del noviazgo, que postularé en breve. Ahora bien, es importante que seamos cautelosos sobre dos posibles conclusiones. Por un lado, caer en un reduccionismo biológico con el cual asumamos que, como biológicamente el cuerpo encuentra su mayor posibilidad reproductiva a los 20 años, lo único adecuado, entonces, es procrear a esa edad. Arribar a esta deducción es caer en una falacia naturalista. Por otro lado, pensar que es indispensable posponer la procreación hasta que se alcancen las metas económicas y de desarrollo profesional es olvidar nuestra dimensión biológica, a la vez que convertimos el desarrollo profesional en un valor absoluto.

Tener en cuenta estas premisas permitirá comprender por qué las siguientes maneras de ver el noviazgo son concepciones falsas sobre su esencia, a saber, el noviazgo como una etapa más en nuestra vida, como si de un pasatiempo se tratase, o como un prematrimonio.

La idea del noviazgo como una etapa más en nuestra vida es un error muy común para el latinoamericano a partir de la adolescencia. La cultura –sobre todo la occidental del último siglo y medio– ha reforzado la idea de que es normal iniciar el noviazgo justamente a partir de la etapa en la cual el varón desea la convivencia con la mujer, aunado esto a un usual anhelo del adolescente de salir de su hogar porque ya no encuentra ahí el afecto que desea. Así, el modo (erróneo) de pensar consiste en que tanto el varón como la mujer aspiran salir al mundo y encontrar ese afecto del que carecen, y, por lo tanto, resulta legítimo el inicio de relaciones afectivas o sexuales (no habrá de confundirse relaciones sexuales con relaciones genitales, pues las primeras hacen más bien referencia a relaciones de convivencia donde se expresa nuestra sexualidad: masculinidad o feminidad).

La normalidad estadística[3,4] nos indicaría que, en efecto, los adolescentes inician encuentros afectivos relativamente estables. Además, a este dato podemos agregarle que incluso los adultos tienden a pensar que en esta concepción del noviazgo no existe problema alguno: "ahora mi hijo ya trae una novia" o "mi niña ya trae un novio", como si la situación se tratase de obtener algo novedoso. En suma, la primera falsa idea sobre el noviazgo es asumir que es *normal* buscar esa relación afectiva a partir del simple deseo del adolescente.

Una segunda manera equivocada de entender el noviazgo es como si este fuese una especie de pasatiempo o como algo que sirve para estructurar el tiempo. A este respecto, una frase propia de varias madres que constantemente sale a relucir en

---

[3] Martínez-Álvarez, J. L., Fuentes-Martín, A., Orgaz-Baz, B., Vicario-Molina, I., & González, Ortega, E. (2014). Vínculos afectivos en la infancia y calidad de las relaciones de pareja de jóvenes adultos: el efecto mediador del apego actual. *Anales de Psicología, 30*(1), 211-220. Recuperado de http://scielo.isciii.es/pdf/ap/v30n1/psicologia_evolutiva6.pdf

[4] Hernández González, J. (2012). Las relaciones afectivas y los procesos de subjetivación y formación de identidad en el bachillerato. *Perfiles educativos, 34*(135), 116-131. Recuperado de scielo.org.mx/pdf/peredu/v34n135/v34n135a8.pdf

## Capítulo 3. Un noviazgo acertado

el consultorio es algo similar a "es que mi hijo(a) se aburre estando en casa, pero ahora que tiene novia(o), su estructura de vida ha mejorado mucho, y se divierte con ella (él)". En casos como estos la receta es sencilla: ¿por qué no mejor le obsequia un videojuego o incluso una mascota a su hijo(a)? Si de entretenerse se trata, estas dos alternativas resultan ser más sanas que el tener una relación afectiva por un fin meramente placentero. ¿Pero cómo va a ser más sano jugar videojuegos o con un perro que interactuar con otro ser humano afectuosamente? ¿No hay acaso una epidemia de uso excesivo de la tecnología o una creciente y errónea tendencia a tratar a las mascotas como si fuesen personas? Para entender por qué digo que se trataría de algo más sano optar por una de estas dos opciones antes que un noviazgo, hemos de consultar nuevamente la sabiduría del maestro helenístico Aristóteles.

Para Aristóteles, los seres humanos no buscamos el mal por sí mismo; elegimos, más bien, entre distintos tipos de bienes:

- los bienes del cuerpo o placenteros
- los bienes exteriores, económicos o útiles
- los bienes del alma o el bien honesto

Siguiendo las enseñanzas del filósofo,[5] es un error ético convertir a una persona en un bien placentero, uno de los tres tipos de bienes que existen. El ser humano nunca hace nada malo por sí mismo, pues actúa en función de aquello que es un bien, sea este honesto, útil o placentero. De acuerdo con Aristóteles,

---

[5] Aristóteles, *Ética nicomáquea*, libro I, "La felicidad es una actividad de acuerdo con la virtud".

cuando una persona elige el bien honesto, implica en su decisión el bien más útil y el bien más placentero en el mediano y largo plazo. Pero si una persona actúa únicamente en función de buscar el bien placentero, su elección no persigue ni el bien útil, y menos aún el bien honesto; de hecho, termina perdiendo el bien placentero. La situación es, en esencia, la misma al elegir los bienes útiles. Si, por ejemplo, basamos nuestra alimentación en aquello que nos produce el mayor placer, seguramente no elegimos lo más rentable, y mucho menos lo más sano, que sería el bien honesto. Si elegimos la alimentación solo bajo la lógica económica, seguramente no estaremos obteniendo el bien placentero y muy probablemente tampoco el de la finalidad de la alimentación, que es nutrirnos. La única forma de acertar sería eligiendo a partir de lo que realmente es nutritivo; eso permite, además, obtener la integración entre el bien útil y el bien placentero, ya sea en el mediano o largo plazo. Solo el bien honesto logra integrar los otros dos tipos de bienes.

> Para Aristóteles, los seres humanos nunca buscamos el mal por sí mismo; elegimos, más bien, entre distintos tipos de bienes: los bienes del cuerpo o placenteros, los bienes exteriores o económicos, los bienes del alma o el bien honesto.

Aristóteles concluye así que la virtud es un premio en sí mismo porque permite que una persona elija, de manera habitual, el bien honesto y, al habituarse a alcanzarlo, el logro le resultará también rentable y placentero.

## Capítulo 3. Un noviazgo acertado

La digresión filosófica anterior puede ayudarte a dimensionar el carácter de error ético que implica el convertir a una persona en un bien placentero, de tal manera que si un chico o una chica de 15 o 45 años (da igual) considera que la única razón por la cual quiere establecer una relación afectiva con alguien es porque le es placentero, atenta contra la dignidad de la otra persona, incluso cuando esta última esté de acuerdo. Algo como la esclavitud, aun cuando sea consentida por el esclavo.

El que dos personas estén de acuerdo en el error no elimina el error, solo lo esconde.

Esto sería como asumir que si dos personas acuerdan que la ley de la gravedad no existe, el que se tiren de un edificio no les hará daño al momento de tener contacto con el suelo. Por ello, el noviazgo no consiste en la posibilidad (y el error ético) de disfrutar de otra persona.

Por último, un tercer desacierto –y uno muy popular– sobre la concepción del noviazgo es asumirlo como una especie de prematrimonio o convivencia en el cual no existen obligaciones que sí se encontrarán en el matrimonio como, por ejemplo, la manutención o el compartir actividades de limpieza en el hogar. Bajo esta concepción, la pareja ya se asume como matrimonio, lo que da paso a cuestiones como una vida sexual (genital) activa o una convivencia con los familiares de uno y de otro, como si de un verdadero matrimonio se tratase. Lo único que les falta, entonces, es el contrato civil para volver

> El que dos personas estén de acuerdo en el error no elimina el error, solo lo esconde.

oficial su relación prácticamente matrimonial. En estos casos, suele ocurrir que el noviazgo se extiende a períodos poco comunes o la pareja decide vivir en amasiato. Y cuando finalmente la pareja contrae matrimonio, la relación se empieza a complicar, pero no se complica por el hecho mismo de haberse casado, o al menos, no esencialmente. Lo que complica la relación es que el fundamento mismo de esta, que es la autorreferencialidad, empieza a causar fricción: el "¿para qué quieres casarte si lo importante es que *yo quiero* estar contigo?". Como lo supondrás, el *yo quiero estar contigo* y el *decido buscar tu bien* son cosas absolutamente distintas. El *yo quiero* asume temporalidad, deseo, circunstancia. El *yo decido* es unilateral, incondicional y permanente.

Recientemente me han sorprendido las respuestas a una proposición que he lanzado a grupos de parejas en noviazgo (podrás verlas en un gráfico más adelante).

Debo confesar que cuando se me ocurrió utilizar este ejercicio, agregué la opción d): "¡No! ¡Quisiera salir huyendo pero me siento atrapado(a), y no sé cómo salir!" para incorporar un poco de sentido humorístico. Desafortunadamente, en los últimos tres años me he encontrado con un promedio de 11 % de personas que responden d). A eso le llamo *barreras de salida*. Cuando el noviazgo ha generado tanto vínculo afectivo, se genera la percepción y la distorsión cognitiva de que si bien es cierto que la pareja no será feliz con la relación, más dramático puede ser romperla, ya que desde mucho tiempo atrás los familiares y amigos los consideran como si fuesen ya un matrimonio operante.

Capítulo 3. Un noviazgo acertado

Ahora bien, ¿por qué todas estas concepciones son erróneas? Porque ninguna de ellas se aproxima al ideal o normalidad prescriptiva de lo que el noviazgo debería ser o a lo que debería aspirar en su naturaleza más esencial. Un noviazgo ideal, óptimo y pleno nos debería ayudar a acertar en la búsqueda de la mejor persona posible para que se vuelva nuestra pareja y así poder disfrutar de una vida conyugal plena. Como un buen amigo y maestro solía decir, "acertar en la pareja es no

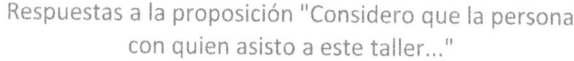

Respuestas a la proposición "Considero que la persona con quien asisto a este taller..."

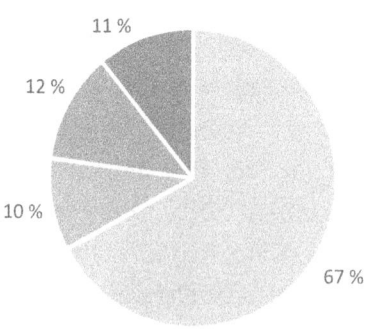

- a) Es la persona con la que me deseo casar; estoy plenamente seguro(a) de la decisión
- b) Aún es muy temprano para saberlo
- c) Estoy empezando a pensar que no
- d) ¡No! ¡Quisiera salir huyendo pero me siento atrapado(a), y no sé cómo salir!

tener otra cosa en qué acertar".[6] Igualmente, una reflexión valiosísima es que el amor –en el contexto del matrimonio– se trata del mejor acto de la mejor potencia dirigido a la mejor persona. ¿Pero no se supone que estamos reflexionando sobre la esencia del noviazgo y no del matrimonio? Sucede que aquellos matrimonios que tras décadas de convivir se consideran uno del otro como fuente de plenitud, lo son justamente porque acertaron en la persona a la cual decidieron entregarle la vida. La esencia del noviazgo consiste, entonces, en ser un medio para elegir; es un acto de discernimiento.

> El noviazgo es una relación todavía individual, en la que cada uno se encuentra en un proceso personal de discernimiento.

Bajo el contexto en el que nos encontramos, el discernimiento es, pues, la esencia misma de un buen noviazgo. No es una etapa más en la vida, un pasatiempo, ni mucho menos un prematrimonio, sino un discernimiento; un medio para poder tomar la decisión más importante de la vida; una vía para elegir plenamente, con inteligencia, voluntad y libertad una vocación: la del matrimonio. Para ello, hemos de estar

> La esencia del noviazgo consiste en ser un medio para elegir; es un acto de discernimiento.

---

[6] Ciertamente es una hipérbole, pero me parece que tiene mucho de razón. Acertar en lo esencial es fundamentar una relación que habrá de permitir tomar mejores decisiones, más acertadas, en el resto de cuestiones que enfrentamos los seres humanos a lo largo del ciclo de la vida. Dos cabezas, unidas en lo esencial, piensan mucho mejor que una.

atentos a nuestra realidad, entenderla, juzgarla y, finalmente, decidir, del mismo modo en que un sacerdote vive un período de discernimiento cuando siente el llamado a la vocación sacerdotal, en el cual presta atención a cómo se desenvuelve la vida clerical. El candidato a seminarista o el seminarista mismo comienza a conocer los resquicios de la vida consagrada, hace un juicio acerca de sí mismo en ese contexto donde se encuentra inmerso, y finalmente decide si esa vocación es para él o no. Tal es la naturaleza del discernimiento.[7]

Un proceso como este es, en realidad, mucho más común de lo que creemos. Tan común que, desafortunadamente, ejercemos el discernimiento de una manera más aguda en cuestiones menos esenciales en el día a día.

Hacemos uso del discernimiento, por ejemplo, cuando elegimos comprar un auto o una propiedad. Primeramente, ocurre que nuestros sentidos captan un estímulo. Nos ponemos atentos cuando, por ejemplo, alguno de nuestros amigos comenta en una conversación cotidiana que está adquiriendo una casa con un crédito de largo plazo. Una vez que escuchamos todo lo que ha hecho nuestro amigo para lograr su objetivo, empezamos a formarnos una idea sobre cómo funciona el sistema financiero, y eso a su vez puede que nos despierte la suficiente curiosidad para seguir investigando al respecto, buscando entender cómo funcionan el sistema hipotecario y las tasas de interés, así como cuáles son los compromisos, riesgos y

---

[7] Lonergan, B. J. F. (1992). *Insight: A study of human understanding*. Toronto, Canada: University of Toronto Press.

posibilidades que implica este tipo de crédito. Después de haber comprendido todo lo que conlleva una decisión así, podemos entonces juzgar, es decir, comparar las diferentes opciones crediticias y, cuando finalmente tomamos una decisión, firmamos un contrato que nos compromete a varias décadas de pagar un crédito. Estarás de acuerdo conmigo en que todo ese proceso necesario para comprar una casa no se reduce a que un día vayas caminando, llegues a una agencia inmobiliaria y, como ya estás ahí, lo que sigue es firmar el contrato. Se trata más bien de uno de los muchos procesos en tu vida donde es necesario emplear tu discernimiento, que consiste en atender, entender, juzgar y decidir.

A partir de esta misma lógica, se sigue que el noviazgo debe ser un acto individual (este es un aspecto básico que siempre habrá que recordar). Con frecuencia escucho a jóvenes que están en una relación de noviazgo dialogando sobre cuestiones propias de un matrimonio, lo cual refleja una autoconcepción equivocada de lo que en realidad son en ese momento: dos individuos en proceso de discernimiento. Imagina deliberar si invitas o no a tus vecinos a casa, pero dicha casa aún no te pertenece puesto que aún no la compras. Formularías la pregunta sobre elementos vacíos, inadecuados para tomar una decisión. Ahora bien, no estoy afirmando que no se debería pensar y visualizar un futuro en pareja. Sin duda habría que hacerlo, pero sin olvidar el presente, ya que en el presente es cuando la persona que tiene una relación de noviazgo está realizando un discernimiento; está tomando una decisión, la más importante en su vida, por cierto.

## Capítulo 3. Un noviazgo acertado

Uno de los aspectos que debes analizar acerca de tu pareja tiene un estrecho vínculo con los rasgos de personalidad a los cuales debes estar atento durante tu relación en el noviazgo. Con el fin de que examines con detenimiento dichos rasgos, he incluido una guía de reflexión que te ayudará a determinar si tu pareja es la indicada para entregarle tu existencia una vez que hayan contraído matrimonio. Desde luego, bien harías en realizar una autocrítica también.

En la columna de la izquierda se incluyen circunstancias comunes que todos nosotros enfrentamos en el día a día. Las siguientes columnas contienen posibles respuestas que las personas pueden mostrar ante tales circunstancias y que revelan sus rasgos de personalidad. Subraya aquella que vaya más acorde con la personalidad de tu pareja. Si la mayoría de las respuestas corresponde a la columna A, ten cuidado, pues tu pareja no es la ideal para ti, y me atrevo a decir que para nadie. Si gran parte de las respuestas coinciden con la columna B, indica que tu pareja es una persona promedio (puesto que esos rasgos son propios de una persona promedio), y, en última instancia, prometen una relación promedio. Pero si la mayoría de las respuestas pertenecen a la columna C, entonces tienes como pareja a una persona virtuosa, lo cual indica que vale la pena seguirla conociendo para elegir, independientemente del nivel de enamoramiento en el que te encuentres. Ahora bien, antes de empezar, te pido que contestes con la mayor honestidad y objetividad posibles para que el ejercicio sea efectivo.

Capítulo 3. Un noviazgo acertado

| Ante | Alerta ⚠ | Promedio | Extraordinario ✓ |
|---|---|---|---|
| La frustración | Irascible | Impaciente | Paciente |
| Dificultades | Volátil | Desánimo | Perseverante |
| Ego | Narcisista | Presumido | Humilde |
| Ética | Psicópata | Ética mínimos | Ética máximos |
| Ofensa | Vengativo | Reactivo | Perdón |
| Rumor | Manipulador | Juego | Reacción nula |
| Ayuda a los demás | Paranoide | Selectivo | Caritativo |
| Vínculos | Desestructurado | Desordenado | Asertivo |
| Fragilidad corporal | Adicto | Permisivo | Pureza/castidad |
| Porvenir | Neurosis | Impasibilidad | Confianza |
| Bien ajeno | Envidioso | Indiferente | Agradecido |
| Dinero | Obsesivo + - | Despilfarrador | Prudente |
| Familiares | Rencores | Sin límites | Independencia afectiva |
| Apariencia corporal | Obsesivo + - | Indiferente | Pudor y salud |
| Superstición | Fe ciega | Ignorancia | Pensamiento crítico |
| Crítica | Agresividad | Estar a la defensiva | Humildad |

## Capítulo 3. Un noviazgo acertado

| Ante | Alerta ⚠ | Promedio | Extraordinario ✓ |
|---|---|---|---|
| Amigos | Peligrosos | Adolescencia perenne | Selectos por virtud |
| Futuro | Muy pesimista | Indiferente | Esperanza |
| Noviazgo | Diversión | Etapa | Medio para elegir |
| Prioridades | Controlar y someter | Gastar y divertirse | Trabajar y amar |
| Espiritualidad | Rebeldía | Disociación | Compromiso existencial |
| Placer | Adicto | Falta de autorregulación | Moderado |

Habiendo realizado el ejercicio anterior, es importante recordar dos cosas:

1. Los rasgos de personalidad son esencialmente estables, por lo que una persona gruñona muy probablemente lo seguirá siendo; de igual manera, la persona que suele salir mucho con amigos tendrá esa tendencia a convivir constantemente con sus allegados.
2. La decisión de casarse con alguien debe basarse en quien la persona es, no en quien potencialmente puede llegar a ser. Sin importar el potencial de mejora que se observe en la persona, si esta carece de ciertos rasgos de personalidad y hábitos óptimos, no se puede esperar que dicho cambio se lleve a cabo, al menos no para efectos del discernimiento. Cuando decidas casarte, decides con el presente, no con un futuro hipotético.

## Capítulo 3. Un noviazgo acertado

> Los rasgos de personalidad son esencialmente estables, por lo que una persona gruñona muy probablemente lo seguirá siendo.

A partir de todo lo anterior, podemos sostener que el noviazgo es un estado de alerta; requiere de nuestra atención para poder conocer, identificar, juzgar prudentemente y decidir. Así, el noviazgo es *clasificación C*: no debe estar al alcance de individuos que aún no sean adultos. Ahora bien, por supuesto que uno puede encontrarse en la calle tanto con adultos de 18 años como con adolescentes de 40. El mensaje aquí es que se necesita mucha madurez para ser capaces de estar atentos de manera eficiente y efectiva a aquello que requiera de nuestra atención; para entender por qué el otro es como es en sus fortalezas y debilidades; para poder juzgar los actos de la otra persona, así como los propios; y, finalmente, para decidir.

¿Y dónde quedó el enamoramiento? Desde luego, el noviazgo va regularmente acompañado del enamoramiento, sobre todo en la cultura occidental. Sin embargo, el έρως (*eros* o amor de atracción) debe pasar a segundo plano durante el acto de discernimiento, pues un elevado nivel de afectividad, un profundo enamoramiento, es totalmente irrelevante en el mediano y largo plazo. No quiere

> La decisión de casarse con alguien debe basarse en quien la persona es, no en quien potencialmente puede llegar a ser.

## Capítulo 3. Un noviazgo acertado

decir esto que la relación deba carecer de afecto o de situaciones gratas y divertidas. Sin duda, momentos así son bellos e inolvidables, pero lo esencial es discernir. Conozco a muchísimos matrimonios que se han deshecho o en los que hasta la pareja se ha despedazado entre sí a pesar de haber estado muy enamorados durante el noviazgo. A su vez, también conozco muy buenos matrimonios que experimentaron un bajo nivel de enamoramiento durante el noviazgo. Contrario a lo que la cultura popular nos ha hecho creer, no existe correlación positiva entre el nivel de enamoramiento de una pareja y el éxito de la relación. Es decir, si una persona experimenta un alto nivel de enamoramiento y es correspondida, esto no representa ninguna garantía de que en el mediano y largo plazo eso sirva para sostener una relación positiva. Incluso, hay estudios que demuestran lo contrario. Un enamoramiento muy intenso puede justamente acelerar la destrucción de la relación, pues el vínculo está sostenido por lo más volátil de nosotros: nuestras reacciones hormonales.

> Un enamoramiento muy intenso puede justamente acelerar la destrucción de la relación, pues el vínculo está sostenido por lo más volátil de nosotros: nuestras reacciones hormonales.

Entender esta diferencia nos permite incluso predecir el éxito de una relación. En realidad, es posible saber el desenlace de una relación de pareja con base en el conocimiento que tengamos sobre ciertas estructuras en la vida de las personas, esto a través de lo que se conoce como *los niveles lógicos*, modelo desarrollado por R. Dilts en la década de los noventa basado en los trabajos del antropólogo Gregory Bateson. Los niveles se ordenan de la siguiente forma:

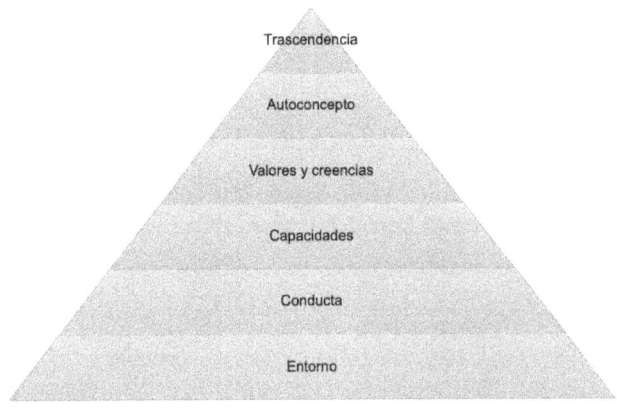

Dilts sostuvo que los niveles superiores impactan a los inferiores de tal forma que, por ejemplo, una persona que cambia su comportamiento notará que su contexto cambia también. Así, si una persona se encuentra en una biblioteca, estar en ese entorno se debe a un comportamiento: la persona está leyendo. Si está leyendo, tal comportamiento se debe a que la persona tiene la capacidad de leer, muy probablemente por largos períodos. Esa misma capacidad se explica debido a los valores y creencias que pueda tener sobre la importancia del conocimiento. Pues de no ser así, o si la persona no se considerara capaz de aprender o pensara que tal actividad no es valiosa en sí misma, muy seguramente no estaría desarrollando esa capacidad, no tendría ese comportamiento y tampoco se encontraría en una biblioteca. Ahora bien, los valores y creencias de este autodidacta provienen de la respuesta que ha dado al hacerse la pregunta *¿quién soy?* y, a su vez, esa identidad proviene de preguntarse a sí mismo por el propósito de su vida (proceso inconsciente en la mayoría de las ocasiones).

Ahora bien, lo común es que nos sintamos atraídos por los niveles lógicos inferiores de una persona, no por sus niveles superiores, pues en primera instancia los desconocemos. Por ello es fundamental que, durante el noviazgo, las parejas lleguen a conocer y a entender los niveles lógicos profundos del otro y se den cuenta de si los comparten o no. Quienes caen en el error de basar su relación en cuestiones como el contexto, el comportamiento o las capacidades del otro tendrán una relación más frágil y con mayores probabilidades de fracasar.

Mientras lo que te una a tu pareja sean cuestiones relativas (niveles inferiores), cualquier problema podrá aniquilar la relación. Si lo que los une son elementos más estables (niveles superiores), entonces, cualquier problema es inferior. Si lo que los une es absoluto, el problema es relativo, y viceversa. Si el criterio con el que afirmas *es la mejor pareja posible* lo constituyen factores como que les gusta el mismo tipo de música o comida, o que se divierten mucho cuando están juntos, todo esto hace referencia a los niveles inferiores de comportamiento y contexto. Entonces, mientras que una relación es más frágil cuando los lazos que la unen son cuestiones contingentes, como el comportamiento o el entorno, una relación se vuelve más fuerte cuando lo que une a la pareja son los niveles lógicos superiores, que responden a cuestiones tales como ¿quién soy?, ¿de dónde vengo?, ¿a dónde voy? y ¿cuál es el sentido de la existencia? De este modo, y contrario a una

> Si lo que te une a tu pareja son cuestiones relativas, cualquier problema se vuelve absoluto. En cambio, si lo que te une a tu pareja son cuestiones absolutas, cualquier problema, por grave que sea, se vuelve relativo.

pareja cuyo fundamento para estar unida son casualidades, cuando dos personas comparten una cosmovisión acerca del sentido de la existencia, por qué vale la pena vivir o morir, o cuáles son las cosas innegociables de la vida, cualquier obstáculo que los pueda separar se vuelve relativo.

Incluso, cuando aquello que los une es verdaderamente absoluto y eterno, dificultades como una infidelidad o una crisis económica o de salud se vuelven tribulaciones relativas y superables.

Ya observamos que la esencia del noviazgo es el discernimiento y que los niveles lógicos te pueden dar una mejor idea de si aquello que une a tu relación es algo trascendental y resiliente o contingente y frágil.

Ahora toca abordar la sexualidad como un tema que merece ser examinado a la luz de este discernimiento propio del noviazgo. Podemos comenzar formulando la siguiente pregunta: ¿qué tanto la forma en la que me vinculo con mi novia o novio contribuyen a que yo logre discernir con éxito? Una incógnita así es valiosa porque resulta muy común que en este proceso de atender, entender, juzgar y decidir nos encontremos con una especie de virus mentales, mejor entendidos como sesgos que irrumpen en este proceso de discernimiento,

## Capítulo 3. Un noviazgo acertado

de acuerdo con uno de los filósofos más brillantes del siglo XX, el doctor Bernard Lonergan, S. J.

Imaginemos que estás discerniendo sobre a qué candidato darle tu voto en una contienda política, y resulta que tu novia o novio pertenece a un determinado partido político. La situación tendrá entonces una alta probabilidad de sesgar tu decisión, puesto que tu discernimiento se podrá ver modificado a partir de una cuestión afectiva. Siguiendo esta analogía, nuestro discernimiento para saber si nuestra novia o nuestro novio es la mejor persona posible a quien entregarle nuestra existencia se puede sesgar por múltiples razones. Una de ellas es la pérdida de la libertad. Sin temor a exagerar, puedo asegurarte que, una vez que una pareja ha iniciado una vida sexual (genital) activa, el potencial de un discernimiento correcto se desploma. Por eso, si te pones a reflexionar en el asunto, comprenderás por qué desde hace siglos se consideraba una buena idea que la pareja de novios fuera constantemente vigilada a fin de evitar un contacto sexual. Mis respetos a esos abuelos "de antes" que, sin tener la preparación de un psicólogo o antropólogo, intuían de alguna forma u otra la importancia de este elemento.

El inicio de la vida sexual es, en consecuencia, el principal enemigo del discernimiento. Y si algo es enemigo de un buen noviazgo, es algo que sea enemigo del discernimiento. Si un hombre y una mujer comienzan su vida sexual, el acto da pie a que se inicie en el varón un mecanismo neurobiopsicológico que ocasionará que el interés por su pareja ya no sea el discernimiento, sino el contacto sexual, el placer. En cuanto a la mujer, una vez que inicia su vida sexual, su discernimiento y –aún más– su libertad se ven drásticamente disminuidos debido a un cóctel neuroendocrinológico que se desarrolla a partir de la experiencia sexual, genital. Este cóctel, compuesto de una mezcla de elementos hormonales y neurotransmisores como endorfinas, dopamina, serotonina y oxitocina, tiene lugar en el cerebro de ambas personas, pero su impacto es mayor en el de la mujer. Si la relación sexual resulta ser además la primera de esta mujer, se le añade al acto un factor de carácter prohibido o de novedad que hará que ella nunca vuelva a experimentar un nivel de enamoramiento conectado con la sexualidad tan fuerte como en esa ocasión.

De modo que, si dos o tres meses después ella se da cuenta que este chico, anteriormente un príncipe azul, no es conveniente para ella o que no comparten los mismos valores o el mismo horizonte trascendental, su *costo de salida* de la relación se torna altísimo. Este costo de salida puedes verlo como un sesgo con el cual la persona involucrada en la relación está consciente de que su pareja no es alguien que le convenga, pero debido a la inversión emocional, psicológica, económica y temporal que ha hecho a lo largo de ese tiempo, la persona está tan involucrada que se verá tentada a continuar con la relación, como si de la opción "menos peor" se tratase. Además, si a este costo le añadimos la cuestión hormonal, consecuencia de una vida sexual activa antes del matrimonio, prácticamente la persona sentirá un acorralamiento altamente abrumador.

El inicio de la vida sexual activa antes del matrimonio es un atentado contra la naturaleza misma del noviazgo.

Tan radical como esto pueda sonar, es cierto porque, como ya lo he señalado, el noviazgo es un acto de discernimiento que requiere de nuestra mayor atención, la cual se verá significativamente mermada al dar inicio a la vida sexual. La libertad de la persona para poder decidir se verá disminuida y hará que el costo de salida de esa relación se vuelva impagable. Por si fuera poco, aumentará la probabilidad tanto de que la depresión, la soledad y la vergüenza se apoderen de esta persona, así como la de una tristeza hormonalmente potenciada en caso de que la relación llegue a un desenlace. A raíz de todo esto, mis palabras dirigidas sobre todo a los jóvenes varones son: si tu objetivo es hacerle daño a esa persona a la que dices querer o, incluso, "amar", inicia una vida sexual con ella.

Un problema vinculado a las relaciones en pareja y propio de los varones es la trivialización. Si, por ejemplo, un varón empieza a experimentar el noviazgo desde los 13 o 15 años, para cuando alcance la edad de los 30 años probablemente habrá tenido una cantidad nada insignificante de parejas, y su cerebro se habrá acostumbrado a una especie de ciclo sumamente rápido de conquista y aburrimiento, donde lo más emocionante se vuelve la conquista.[8] Es el caso del hispanoamericano promedio: la conquista es para este lo esencial y emocionante del

> El inicio de la vida sexual activa antes del matrimonio es un atentado contra la naturaleza misma del noviazgo.

---

[8] Díaz-Loving, R., Rivera Aragón, S., Rocha Sánchez, E., & Sánchez Aragón, R. (2002). Marcado por la conquista: Rasgos de personalidad derivados de la vida sexual. *Revista de Psicología Social y Personalidad, 18*(2), 77-92.

noviazgo. Pero cuando llega el momento de la estabilidad en la relación, su interés en esta desaparece. Si encima añadimos a esto la torcida idea de que el amor es un sentimiento y no una decisión, peor aún. De manera que en el varón ocurre también un impacto fuerte, producto de una vida sexual activa en las relaciones prematrimoniales. Y si a los 30 años este hombre decide contraer matrimonio, el tema de la fidelidad será uno que le costará un alto valor de fuerza de voluntad, puesto que su cerebro se ha acostumbrado ya al vicio de trivializar una relación. En otras palabras, si escuchas a un hombre con un pasado promiscuo decir algo como "esta chica será desde ahora la única con quien mantendré una vida sexual activa", la probabilidad, en realidad, es muy baja.

En síntesis: un noviazgo verdaderamente bueno consiste en un buen discernimiento individual, de la misma manera que el amor en el matrimonio consiste en la decisión de una entrega voluntaria individual hacia tu esposa o esposo. Esto no quiere decir que no debas involucrarte con tu pareja y llegar a conocer hasta su familia; puedes hacerlo, pero todo con el único fin de discernir y de forma que ese involucramiento no sea tan intenso como para que el costo de salida llegue a limitar la libertad tanto para ti como para tu pareja.

Al decir tus votos frente al altar, habrás llegado a este punto de una manera adecuada solo si ya llevaste a cabo el discernimiento del que tanto hemos discutido. Ya habrás estado atento o atenta, conocido a tu pareja, y la habrás escuchado, observado, comprendido. Habrás visto cómo se comporta bajo presión, cómo reacciona ante el vicio, cómo se vincula con sus amigos o amigas y cuáles son sus temas de conversación. Después de que la hayas escuchado y observado; hayas entendido por qué tu pareja reacciona de una u otra forma; hayas conocido sus talentos, fortalezas y debilidades, así como el impacto de su historia de vida en ella, de su educación, sus valores y su forma de entender el mundo, entonces la habrás entendido como persona. Ante todo esto habrás de juzgar si esa persona vale verdaderamente la pena para entregarle tu vida, y, si así es, finalmente tomarás tu decisión. Decisión que se consolidará el día en que tú y tu pareja contraigan nupcias. En ese instante, las palabras "prometo serte fiel en lo próspero y en lo adverso, en la salud y en la enfermedad hasta que la muerte nos separe" cobrarán todo el sentido del mundo.

## Ideas para reflexionar y comentar en pareja

a) Si actualmente tienes una relación afectiva (noviazgo), contesten en lo individual las siguientes preguntas y después compartan sus respuestas:

1. ¿Cuál es tu principal problema por resolver en la vida?
2. Si un genio te concediera tres deseos, ¿cuáles le pedirías?
3. ¿Qué te gustaría que se leyera en tu epitafio?
4. ¿Cómo defines el amor?
5. ¿Qué significa para ti la palabra *sacrificio*?
6. ¿Por qué estarías dispuesto(a) a entregar la vida?
7. ¿Qué tan importante es la espiritualidad para ti?

b) Reflexionen hasta qué punto tienen convergencias o divergencias esenciales. Recuerda que las diferencias en los niveles lógicos inferiores son complementarias; en cambio, tener diferencias en los valores esenciales es sinónimo de una relación extremadamente volátil y sostenida con alfileres.

# Capítulo 4. Mal pensar el afecto

*Le he expresado muchas veces lo ideal que sería festejar nuestro aniversario solos; sin embargo, insiste en festejarnos con nuestros amigos.*

Diana, 49 años

*Cuando le cuento mis problemas, no quiero que me interrumpa con soluciones. Quiero que me escuche y ya; quiero sentirme escuchada y comprendida.*

Andrea, 31 años

*Creo que no entiende lo molesto que es llegar a casa y ser recibido con quejas de todo tipo.*

Fernando, 48 años

La famosa regla de oro que afirma que debemos tratar a los demás como quisiéramos ser tratados debe pensarse de manera aún más profunda cuando hablamos de relaciones de pareja. Hay dos opciones. La primera sería elevarla a una especie de *regla de platino*, que fuese algo así como "trata a tu pareja como quisiera ser tratada". La segunda sería asumir que la idea de tratar al otro como quisiéramos ser tratados alude justamente al aspecto único de nuestra forma de desear recibir afecto y atenciones. Es decir, todos quisiéramos ser tratados como nos gusta, no como le gusta a la persona que desea tratarnos bien.

Para profundizar un poco al respecto, podemos tomar en cuenta lo que el doctor Gary Chapman[1] ha escrito sobre los distintos lenguajes del amor que cada uno de nosotros comunica a su pareja. Hay quienes, antes que cualquier otro detalle, necesitan escuchar palabras de afecto por parte de la otra persona para sentirse apreciadas. Para otros, las acciones tienen más peso que las palabras, y es con actos de solidaridad o hechos que les demuestran que no se enfrentan al mundo por sí solos que captan ese amor por parte de su pareja. Hay quienes prefieren recibir regalos, por más sencillos que resulten ser, y hay quienes consideran que no hay mejor forma de expresar amor que pasar un tiempo de calidad con su pareja, dedicando su completa atención a la otra persona. Finalmente, otras personas encuentran indispensable el contacto físico como la mejor expresión del amor.

El hombre y la mujer se distinguen de muchas maneras. Bajo situaciones de estrés, los varones preferimos encontrar la

---

[1] Chapman, G. (2018). *Los 5 lenguajes del amor*. Unilit.

## Capítulo 4. Mal pensar el afecto

solución a los problemas. Las mujeres, por otro lado, a través del acto mismo de hablar acerca de lo que les aqueja reducen significativamente el estrés con el que estaban procesando la realidad. Muchos autores han dedicado investigaciones –algunas más serias que otras– a este tema. Por ello, para los fines de este libro, solo me enfocaré en la comunicación y el afecto, dos de los muchos elementos en los que hombres y mujeres somos distintos y en los que, si no hacemos un esfuerzo consciente, tenderemos a la autorreferencialidad, lo cual inevitablemente nos alejará de nuestra pareja. Partir de la autorreferencialidad no tendrá efectos inmediatos, pero con el paso de los años notaremos qué tan alejados estaremos de tener en nuestra pareja a la mejor amistad posible.

> La idea de que hombre y mujer somos iguales, no solo en dignidad, sino psicológicamente, y de que nuestras diferencias solo existen por razones sociológicas no solo ha dañado el tejido social, sino que a quien lo crea, le resultará prácticamente imposible vivir en una feliz relación de pareja.

|  | *Hombre* | *Mujer* |
|---|---|---|
| Comunicación | Valor pragmático | Valor intrínseco |
| Afecto | Admiración | Protección, ternura y cariño |

## Sobre las diferencias en la comunicación

Reflexionemos primero acerca de la comunicación y sus diferencias entre el varón y la mujer para después discutir acerca de la cuestión del afecto. Como se observa en la intersección entre el hombre y la comunicación de la tabla anterior, la tendencia en los varones corresponde a un uso pragmático del lenguaje. Los hombres, por lo general, empleamos el lenguaje con el fin de comunicar una idea, resolver algún problema o alcanzar un objetivo. La comunicación es para el hombre, por lo tanto, un medio y no un fin. Por otro lado, la mujer generalmente tiende a encontrar en la comunicación un valor intrínseco. Esto significa para ella que la comunicación no solamente funciona como un medio, sino también como un fin en sí mismo, y esto tiene que ver, al menos en parte, con las diferencias estructurales en el cerebro. De hecho, las áreas cerebrales a cargo de la dimensión lingüística, el área de Broca y el área de Wernicke, son menores en el caso del hombre comparado con el de la mujer. Asimismo, en el hombre dichas áreas se encuentran únicamente en su hemisferio izquierdo, mientras que en las mujeres se encuentran en ambos hemisferios.

Tan radical es la diferencia entre el cerebro del varón y el de la mujer, que en algunos casos extremos, como una ablación o una lesión en determinadas áreas cerebrales, se puede observar que en el hombre la capacidad lingüística prácticamente desaparece, mientras que en la mujer, en cambio, existe la posibilidad de una recuperación relativamente rápida debido a su mayor plasticidad y potencial de neurogénesis en estas zonas del cerebro. Estas diferencias las podemos también percibir en los infantes. En el varón, el juego es lo esencial; la interacción social, si bien en mayor o menor grado importante, es secundaria al resultado del juego. En la niña, el juego y el resultado son secundarios a la calidad de las interacciones.

El fenómeno tiende a repetirse una vez que las personas llegan a su etapa adulta. El varón, por su parte, difícilmente tendrá deseos de charlar con un colega por el simple gusto de hacerlo. Resulta mucho más común que los hombres se reúnan con la finalidad de hablar o discutir sobre un tema o resolver algún problema específico que por el simple hecho de comunicarse. Así como en el varón se repite el patrón de emplear el lenguaje como un medio, en la mujer se mantiene la comunicación como un fin en sí mismo. En ella se lleva a cabo una mayor actividad neurológica al hablar porque el cuerpo calloso de su cerebro, que une ambos hemisferios, es mayor que en el del hombre.[2] De modo que cuando una mujer habla está estimulando ambos hemisferios cerebrales, lo que genera cierto nivel de homeostasis o equilibrio neurológico que le atribuye al acto de hablar una connotación sanadora.

Una vez comprendido esto, la añoranza de tomar un café entre amigas cobra todo el sentido del mundo. Con el simple hecho de dialogar sobre aquello causante de angustia o preocupación, las mujeres logran de alguna manera detener la sensación que les aqueja. Por esta razón, cuando el hombre y la

---

[2] Ardekani, B. A., Figarsky, K., & Sidtis, J. J. (2012). Sexual dimorphism in the human corpus callosum: An MRI study using the OASIS brain database. *Cerebral Cortex, 23*(10), 2514-2520. doi.org/10.1093/cercor/bhs253

mujer interactúan y ella narra todo lo que le sucedió en su día, a los oídos del varón parecería que el intercambio es una solicitud de solución pragmática sobre la mejor manera de haber procedido en su jornada. Tal manera de pensar no podría estar más alejada de la realidad de la mujer, quien, más allá de pedir un consejo, simplemente está buscando compartirse a sí misma, sus emociones, pensamientos e ideas. Es necesaria la total atención y energía por parte del hombre para poder mostrar empatía y no ponerse de manera automática en *modo varón*, intentando solucionar temas logísticos o de procesos.

Para la mujer, el lenguaje es, por razones neurobioquímicas y ancestrales, mucho más rico que para el varón. En los hombres resulta mucho más común la presencia de trastornos del desarrollo del lenguaje en la infancia. En general, las mujeres tienen, en promedio, mejor ortografía y estilo al escribir. Aprender un idioma les resulta más fácil que a los hombres. Ganar una discusión es para ellas mucho más sencillo, sobre todo en el uno a uno, como en entrevistas y otras interacciones entre dos personas.

La situación podrá ser diferente cuando hablamos de comunicación pública, donde la ventaja la tiene el varón; pero, en términos generales, la mujer cuenta con mecanismos lingüísticos y expresivos mucho más sofisticados que vuelven más complejo su lenguaje desde la perspectiva del varón. Pues ella expresa en su mensaje algo más que palabras; se comunica también a través del lenguaje no verbal, el cual incluye el tono y la forma de la voz, su volumen y velocidad (comprendido todo esto en el concepto de lenguaje paraverbal) y, por supuesto, el lenguaje corporal.

Entenderás ahora por qué, en determinadas ocasiones cuando una mujer se expresa a sí misma, sus palabras (esto es, su lenguaje verbal) podrán significar algo, pero su lenguaje no verbal añade un significado completamente distinto a lo que en realidad quiere expresar. El varón, acostumbrado a una comunicación directa y pragmática, experimenta por ello una constante dificultad en descifrar los mensajes que su novia o esposa transmite.

Más aún, cuando el hombre escucha una conversación exclusivamente entre mujeres, existe la posibilidad de que desconozca por completo todo aquello detrás del lenguaje verbal. A manera de ilustración, imagina el siguiente escenario: en una bella tarde de domingo, en primavera, una pareja de esposos y sus dos pequeños se reúnen con la madre del marido con el simple motivo de visitarla, saludarla y pasar un buen tiempo en familia. De pronto, uno de los niños tose y da señales de una ligera gripe. Ante esto, la abuela del niño le pregunta a su nuera: "¿Qué tal ha seguido mi nietecito, *querida*? No me digas que todavía no se alivia". La madre del pequeño, jugando por ahora un papel diplomático, le responde: "Pues ha estado mejor, pero sigue todavía un poco enfermo". "¡Ay, qué barbaridad! –le dice su suegra–, pues a mí no se me enfermaban tanto". A los oídos del varón, todo este intercambio lingüístico indica solo una cosa: "mi madre y mi esposa charlan sobre pediatría". Pero la situación para la mujer es completamente distinta y mucho más compleja. Con la sencilla pregunta "¿qué tal ha seguido mi nietecito, *querida*?" (nótese el énfasis en *querida*), la abuela envía una serie de metamensajes (es decir, mensajes en torno al mensaje) que para el varón pasan desapercibidos; el mensaje encriptado tras esa fachada de amabilidad podría, en realidad, significar todo lo contrario.

La comunicación en el varón, por otro lado, es necesariamente más primitiva, mucho más simple y directa. Ello explica una de las grandes quejas que en todo el planeta la mujer tiene respecto al varón: "cuando le estoy hablando, me responde como si no me supiera escuchar". Esa diferencia abismal entre la sofisticada capacidad lingüística de la mujer y el uso del lenguaje pragmático por parte del varón –desde la perspectiva de la mujer– es sin duda notable sobre todo en las relaciones de pareja.

Ahora que hemos llegado a este punto, cabe señalar algo fundamental: debido a la evidente distancia entre capacidades en torno al lenguaje, la correcta administración de nuestra energía es imprescindible. Esto es porque aprender a superar la barrera biológico-ancestral y neuropsicológico-social del lenguaje requerirá amplia energía tanto para el hombre como para la mujer. Si, por ejemplo, el varón intenta comunicarse con su pareja estando cansado, lo más probable es que rápidamente deje de escuchar a su esposa o novia, pues su escucha atenta posiblemente no durará más de 90 segundos. Ante la fatiga, la principal amenaza del varón es perder la concentración en su capacidad de escuchar, la cual no consiste en ser capaz de repetir lo que la otra persona está diciendo, sino en ser capaz de entender lo que su pareja le está queriendo comunicar. Por otro lado, el escuchar a su pareja requiere de toda la atención visual, auditiva y corporal por parte del hombre. Así que, si eres varón, por el bien de tu novia o esposa –para quien el saberse escuchada es un hambre básica fundamental–, la manera de proceder no es atenderla mientras realizas otra actividad, como ver la televisión o revisar el celular. Se necesita mucha energía para la escucha atenta; una distracción aparentemente insignificante, como un mensaje por WhatsApp, desconecta el hilo de la conversación con ella.

El reto de la mujer a este respecto es distinto al del varón. Como ya lo he mencionado, el área de Broca y el área de Wernicke están más dispersas en su cerebro en comparación con el de su contraparte masculina, por lo que estas áreas también se conectan con otras partes del cerebro, como con el área de las emociones del sistema límbico. En consecuencia, esto vuelve más complejas las ideas que la mujer expresa, pues transmite en ellas una carga emocional importante. Dicha carga suele ir acompañada de hipérboles o exageraciones lingüísticas que le servirán a la mujer para magnificar sus ideas. "*Nunca* me has hecho caso", "te he dicho *cien mil veces*" y "*siempre* es lo mismo contigo" son ejemplos de hipérboles frecuentes que transmiten esa carga emocional, la cual no tiene lugar en un lenguaje estrictamente verbal y, por lo tanto, requiere del lenguaje no verbal. La gesticulación, la intención de las palabras, el volumen, el tono y hasta el lenguaje corporal le dan contexto a las palabras. Por eso, nosotros los varones requerimos poner atención total, no solo auditiva, sino atención plena. En resumen, cuando la mujer carece de la suficiente energía para estructurar de mejor manera la comunicación, comúnmente emplea este tipo de hipérboles. El problema principal es que con frecuencia pueden resultar ofensivas o hirientes, pues ante la hipérbole, el cerebro del varón asume el comentario de modo literal, y, por lo tanto, no reacciona de la misma manera en que lo haría otra mujer.

El mensaje principal de esta sección gira en torno a la importancia de enfocar la energía para comunicarnos de manera efectiva con nuestra pareja. Para lograrlo, es conveniente que acordemos dedicar cierto tiempo para charlar y que convengamos que en ese espacio vamos a dedicar toda nuestra energía y esfuerzo para tener una comunicación efectiva, sin distracciones. No está de más señalar que vernos el uno frente al otro es fundamental para una comunicación íntima. Dicha intimidad afectiva, o la capacidad de expresarse a sí mismo sin miedo alguno, así como de sentirse aceptado incondicionalmente, es el fundamento mismo de una de las cuatro dimensiones del amor en pareja mencionadas anteriormente: la amistad. Si tu deseo es disfrutar de un matrimonio pleno con tu pareja, que uno se vuelva el mejor amigo o la mejor amiga del otro es indispensable para lograrlo. Esto se alcanzará en la medida en que su comunicación sea efectiva, lo que a su vez requerirá que cultiven con la mejor de sus energías un mundo en común, a veces divertido, a veces complejo, pero siempre significativo.

## Sobre las diferencias en el afecto

Ahora que ha quedado clara la distinción entre la manera de comunicarse de hombres y mujeres, abordaré el tema del afecto en las parejas. Sin duda, trabajos sobresalientes como el del doctor Chapman demuestran que cada uno de nosotros tiene su manera preferida de recibir afecto. No obstante, podemos sostener una generalización fundamental entre el varón

## Capítulo 4. Mal pensar el afecto

y la mujer en relación con este tema: el hombre tiende a buscar más afecto en forma de admiración, mientras que la mujer desea ese afecto en forma de cariño, ternura y protección. A continuación presentaré un punto que podría parecer controversial, particularmente en medio de un discurso ideológico posmoderno: el feminismo. En algunos estudios, como el de Guillen[3] y el de Spence y Helmreich,[4] se ha encontrado que, en general, una mujer resulta más atractiva para un hombre en la medida en la cual esta proyecte una especie de fragilidad. Más allá de una lectura reduccionista de este dato, el hallazgo refuerza la noción de que lo que todo hombre busca a nivel inconsciente es, en esencia, vincularse con una mujer que sea potencialmente una admiradora de él, ya sea por su capacidad productiva y económica, por su capacidad intelectual o por su autoridad moral. Y, reiterando el caso de la mujer, el objetivo de su búsqueda es ese cariño, ternura y protección por parte del varón.

Los drásticos cambios de nuestra época han impactado constantemente las necesidades afectivas de los seres humanos, lo cual se puede observar sobre todo en el mundo de los negocios. Como consultor organizacional, he tenido la oportunidad de contribuir en el entrenamiento de directivos en diversas compañías de varias partes del mundo, incluyendo a mujeres del más alto nivel jerárquico en las organizaciones.

---

[3] Gillen, B. (1981). "Physical attractiveness: A determinant of two types of goodness." *Personality and Social Psychology Bulletin* 7(2), 277-281.
[4] Spence, J., & Helmreich, R. (1972). "Who Likes Competent Women? Competence, Sex-Role Congruence of Interests, and Subjects' Attitudes Toward Women as Determinants of Interpersonal Attraction. *Journal of Applied Social Psychology* 2(3), 197-213.

Conociendo mi perfil de psicólogo no solo organizacional sino también clínico, muchas de ellas me han compartido una especie de insatisfacción por el hecho de que el éxito económico, por alguna razón que no logran del todo entender, pareciera alejar al tipo de personas con las que sí les gustaría vincularse.

Ahora bien, no estoy sosteniendo que el éxito profesional de las mujeres sea la causa de las dificultades que viven en sus relaciones de pareja; simplemente se trata de una realidad que, nos guste o no, está presente, y no es en absoluto provechoso ignorarla para los efectos de esta discusión. Sería equivocado tratar de comprender este hecho desde una óptica feminista en lugar de una antropológica, pues durante miles de años el varón ha tenido el rol de proveedor. En otras palabras, hace menos de un siglo que la mujer participa en las actividades productivas de la sociedad y hace menos de cincuenta años que se volvió competitiva, lo cual tiene una implicación en cuanto a la forma de relacionarse con el hombre: resulta mucho más complejo satisfacer esta hambre de admiración en el varón y de protección en la mujer cuando ella tiene –ya sea por razones económicas o psicológicas– una mayor autonomía e independencia.

Insisto, no sugiero en lo más mínimo que la mujer debería volverse dependiente del varón y evitar a toda costa una actividad con la cual desarrolle sus talentos. Lo que quiero subrayar, más bien, es que en la medida en la cual eso ocurre es más fácil para el varón asegurarse de que él es la principal fuente de protección y ternura para su esposa. En cambio, para la mujer con una vida económicamente más productiva que el varón, el esfuerzo que le costará a ella volverse admiradora de él exigirá creatividad y virtud. Así, para finalizar este punto, digamos que un análisis superficial de estas reflexiones nos llevaría a concluir equivocadamente que la mujer no debería ser exitosa para tener una relación de pareja estable. Nada más alejado de la verdad. Mi perspectiva es más profunda que esta apresurada conclusión, y lo que pretendo destacar es que la variable moderadora en este contexto se trata de la capacidad para crear una relación en donde el varón pueda ser admirado y la mujer pueda ser procurada, protegida y que se le transmita constantemente que ocupa un lugar especial en la mente de su pareja.

> Aquello a lo que hay que estar atentos es a que una vez que el enamoramiento llegue a su fecha de expiración, lo que determinará si estas muestras de afecto se mantienen o no serán nuestros hábitos.

Las muestras de afecto entre hombre y mujer nos obligan a retomar brevemente el tema del noviazgo, en el cual se llevan a cabo una serie de modificaciones neurobioquímicas que hacen, en el caso del varón, que este se vuelva inconscientemente mucho más afectuoso de lo que normalmente es cuando no se encuentra enamorado. En el caso de la mujer, el intenso enamoramiento le causa la suspensión del juicio crítico que usualmente tiene respecto al varón de quien está enamorada, y se vuelve incapaz de encontrarle defectos.

Con todo, una vez que el enamoramiento se haya esfumado después de unos meses, su juicio crítico volverá y ella tenderá a ser la principal juez de su pareja, al tiempo que el varón tenderá a descuidar esos detalles que solía transmitirle cuando estaba enamorado de ella. Aquello a lo que hay que estar atentos es a que una vez que el enamoramiento llegue a su fecha de expiración, lo que determinará si estas muestras de afecto se mantienen o no serán nuestros hábitos.

Por ello, si eres hombre, te sugiero que lleves a cabo un esfuerzo decidido de buscar conscientemente, con el ejercicio de la inteligencia y la voluntad, las acciones que transmitan a tu pareja ese cariño, ternura y protección como cuando estaban enamorados. Si eres mujer, es fundamental que decidas sobreponerte a tu capacidad de juicio para ser, sobre todo, admiradora de tu pareja. Ahora bien, sin duda te costará trabajo ignorar los defectos de tu esposo o novio. Pero lo importante es que seas capaz de enfocar la mayor parte de tu interacción con él al énfasis de sus aspectos positivos.

Independientemente de si eres hombre o mujer, acostumbra a tu mente, por así decirlo, a poner la atención en eso, en lo que te une a tu pareja; en lo que hace exitosa, plena y virtuosa tu relación con ella. Si lo cultivas como hábito, esto será, como decía Aristóteles, un premio en sí mismo, pues la entrega del afecto de la manera adecuada será habitual y, por tanto, placentera. Como cuando alguien después de practicarlo por muchos años, encuentra placentero lo que para muchos es incluso doloroso, como el ejercicio físico.

Para concluir, te comparto una última idea sobre el afecto y sobre por qué este no solo es una muestra de lo que se siente, sino, sobre todo, una virtud, un hábito de brindar al otro, a su manera, la admiración, la ternura, las caricias físicas o emocionales que requiere: puedes tener muchas virtudes que te hagan un buen esposo o una buena esposa; pero, para bien o para mal, la percepción –al menos a nivel emocional– de qué tan buen esposo o esposa eres es fruto de qué tan afectivo o afectiva seas.

## Ideas para reflexionar y poner en práctica

a) ¿Cuál es una forma en la que tu pareja espera recibir afecto y que te da pereza o indiferencia proveer?
b) ¿Cuál es tu lenguaje del amor?[5]
c) Más importante aún, ¿cuál es el lenguaje del amor de tu pareja? ¿Qué implicaciones tiene para la forma en la que estructuras tu tiempo y energía?

---

[5] Recomiendo el sitio www.5lovelanguages.com para contestar gratuitamente la prueba para identificar tu lenguaje del amor en pocos minutos.

# Capítulo 5. El afecto mal obtenido

*Escribo para que mis amigos me quieran más.*

Gabriel García Márquez

Hace ya algún tiempo se le preguntó al escritor colombiano Gabriel García Márquez cuál era su mayor motivo para escribir. La pregunta parecía cargar con cierto aire retórico, sobre todo si tomamos en cuenta la talla de este gran escritor. Sin embargo, García Márquez reflexionó un tiempo considerable al respecto y finalmente señaló: "Escribo para que mis amigos me quieran más".

Lo sorprendente de la respuesta de García Márquez radica, a mi juicio, en su brutal honestidad. Considero que si le preguntáramos a un emprendedor exitoso, a un deportista exitoso o a cualquier persona que busca profundamente una meta que implique un reconocimiento social, se encuentra presente un hambre que, en última instancia, dinamiza gran parte del comportamiento humano: el hambre del afecto.

El hambre del afecto es tan importante para el ser humano que un famoso psicólogo la incluyó en su trabajo sobre las necesidades humanas. En 1943, Abraham Maslow publicó un artículo intitulado *Una teoría sobre la motivación humana*, por el cual ahora es conocido no solo en la psicología, sino también en cuestiones de negocios y *marketing*. En este, el autor postulaba un modelo sobre la jerarquía de las distintas necesidades que tiene todo ser humano. De acuerdo con este modelo, entre los distintos tipos de necesidades, se encuentran las fisiológicas, como la sed, el hambre y el descanso. A estas le sigue la necesidad de seguridad, sea esta física, de empleo o de familia, por mencionar algunas. A partir de este punto, Maslow continúa la jerarquía con las necesidades de afiliación, de reconocimiento y, finalmente, de autorrealización. Sin embargo, en la necesidad de afiliación encontramos el hambre afectiva en el ser humano, y si prestamos suficiente atención, nos daremos cuenta de que el resto de las necesidades que Maslow postuló son, en realidad, versiones más complejas de esta esencial necesidad.

En otras palabras, las necesidades afectivas cruzan gran parte del espectro del comportamiento humano y van desde la necesidad de un bebé para recibir afecto a partir del contacto físico de los brazos de su madre hasta las juntas de consejo directivo en las empresas. De hecho, como consultor organizacional he tenido la oportunidad de encontrarme con directivos que lideran empresas del más alto nivel, quienes me han revelado la existencia de una tensión aguda en las juntas de consejo debido al profundo deseo de todos los integrantes de convertirse en el siguiente CEO. Este anhelo resulta, por supuesto, inexplicable desde el punto de vista financiero, puesto que estas personas ya gozan de una salud económica extraordinaria. Han llegado al punto en el que es imposible un mayor disfrute de su dinero porque todos sus gustos y anhelos materiales están cubiertos. Así, su único motivo para ocupar el puesto del director general es por el anhelo de alcanzar el éxito, equiparable a recibir reconocimiento por parte de las personas que los rodean. En ese momento, la persona con los atributos y desarrollo humano adecuados habrá alcanzado la cúspide de su éxito profesional, y los colegas que en algún momento de su vida han cruzado caminos con él o ella sabrán que su compañero o compañera es ahora un directivo de clase mundial que goza del mayor éxito profesional posible. En el origen de esta imagen del éxito, sin embargo, encontramos una vez más el hambre de afecto, verdadera necesidad universal de la esencia humana.

Para comprender mejor la importancia de esta necesidad humana, es conveniente remontarnos a mediados del siglo pasado, cuando se comenzaron a llevar a cabo destacadas investigaciones alrededor de la privación sensorial, o la ausencia de estímulos, y cómo esta puede afectar el desarrollo óptimo de los seres vivos. El trabajo del psicólogo Harry Harlow –ciertamente criticable desde una perspectiva ética por los métodos que utilizaba en sus experimentos con animales– contribuyó de manera considerable a entender la importancia que los estímulos externos tienen para los seres vivos.[1] Hoy en día, después de varias décadas de estudios e investigaciones al respecto, se sabe que los estímulos externos guardan una relevancia fundamental tanto para los animales como para el ser humano. Más específicamente, los humanos tenemos una profunda necesidad de afecto y contacto humano, de la cual surge la importancia de concentrarse en las fortalezas de nuestra pareja más que en sus debilidades, como veremos en el capítulo 7.

La necesidad de estímulos es tan importante para los seres humanos que somos capaces de desear un mal trato por parte de nuestra pareja antes que ser víctimas de su indiferencia. Nuestra naturaleza nos hace preferir un conflicto interpersonal antes que una ausencia total de relación; nos hace preferir, incluso, una relación destructiva antes que una vida en la soledad. Esto se debe a que el ser humano, al igual que todo ser

---

[1] Harlow, H. (1958). The nature of love. *American Psychologist, 13*(1958), 673-685.

## Capítulo 5. El afecto mal obtenido

vivo, no está hecho para vivir de este modo. No es sorpresa por ello que nuestra cultura promueva formas de expresión, como la música, por ejemplo, con mensajes de un estilo esquizofrenogénico, como preferir estímulos negativos a la ausencia de estímulos. Me refiero a canciones cuyo mensaje es "estemos juntos a pesar de no encontrarnos plenos ni satisfechos, pero esto es mejor a estar solos" o "tengo tanto miedo de lidiar conmigo mismo que prefiero que lo hagas tú", un tanto como canta Dua Lipa en *Scared to be Lonely*. Como lo ha demostrado la ciencia después de varias décadas de investigación en torno a la privación sensorial, el mensaje es claro: el ser vivo requiere del estímulo externo, y en los seres humanos, esta necesidad adopta un carácter radical.[2,3,4,5]

Ahora bien, ¿en qué consiste el hambre de estímulo en el ser humano? Tal vez una pregunta más importante aún es ¿cómo podemos saciar esta necesidad? Ambas preguntas tienen su propia relevancia, y responderlas puede abrirnos un mundo de conocimiento valioso para la vida. Juan Bosco Abascal Carranza, reconocido psicólogo mexicano, explica la

---

[2] Harlow, H., & Zimmermann, R. (1959). Affectional responses in the infant monkey. *Science, 130*(3373), 421-432.

[3] Pittet, F., Coignard, M., Houdelier, C., Richard-Yris, M., & Lumineau, S. (2013). Effects of maternal experience on fearfulness and material behavior in a precocial bird. *Animal Behaviour, 2013*.

[4] Bretherton, I., & Ainsworth, M. D. S. (1974). One-year-olds in the Strange Situation. In M. Lewis & L. Rosenblum (Eds.), *The Origins of Fear* (pp. 134-164), New York: Wiley.

[5] Brazelton, T. B. & Cramer, B. G. (1993). *La relación más temprana: Padres, madres y el drama del apego inicial*. Barcelona: Paidós.

idea del hambre de estímulo con el concepto de *hambres básicas*, haciendo referencia específica a la estructura, a las caricias entendidas como estímulos táctiles o sociales y al reconocimiento que los seres humanos requerimos para un óptimo desarrollo psicobiológico.[6] Si bien Abascal toma prestado este término de la teoría del análisis transaccional de Eric Berne, su contribución consiste en haber realizado una síntesis sólida de una patente realidad que se ha observado desde los experimentos precientíficos en el siglo XVIII: la persona que es privada del estímulo externo y humano no puede sobrevivir aunque sea alimentada adecuadamente.

Quien en su vida carece de necesidades tan básicas como el tiempo estructurado, las caricias (entendidas como estímulos y no como contacto estrictamente físico) y el reconocimiento, desarrolla patologías de manera inconsciente para, de alguna manera, satisfacer estas carencias. De hecho, uno de los síntomas que demuestra la falta de las caricias es que se empiezan a presentar cambios en la química sanguínea de la persona; la cantidad de glóbulos rojos por milímetro cúbico en su sangre disminuye. A su vez, se sabe que una persona que vive en la soledad y que sufre de privación emocional, por ejemplo, tiene una mayor propensión a la hipoxia y a la caída de inmu-

---

[6] Abascal Carranza, J. B. (2012). *Sólo quien se siente amado puede ser educado.* Reingeniería de valores universales.

noglobulina en la sangre, lo que deriva en una mayor tendencia a sufrir enfermedades sobre todo infecciosas y, en general, en un deterioro de la salud psicoemocional y física.[7]

Como podemos observar, la ausencia del afecto, de las caricias entendidas como estímulos, tiene un impacto de grandes proporciones en todo ser vivo. Los seres humanos, a diferencia de los animales, tenemos la capacidad de *extorsionar* al prójimo en busca de esas caricias. Cuando esa hambre de afecto no se encuentra al menos medianamente satisfecha, tendemos a robar dicho afecto a partir de lo que Berne planteó en la teoría del análisis transaccional: los juegos psicológicos, o el arte, ciencia y técnica de extorsionar al otro para satisfacer esta hambre de afecto.

En su obra *Juegos en que participamos,* el psiquiatra plantea que los seres humanos, al no recibir de manera funcional e incondicional ese estímulo en forma de caricia, nos olvidamos de lo que él llama las *transacciones complementarias* y empezamos a tener *transacciones cruzadas* o *transacciones ulteriores.*

Para poder entender a qué se refiere Berne con estos tres tipos distintos de transacciones se presentan los tres estados del yo: el padre, el adulto y el niño. El padre podría clasificarse como una especie de superego; es la parte del mando y de la protección o cuidado, la parte de nuestra personalidad que ejerce el liderazgo propio y sobre los demás. Por su parte, el

---

[7] Wang, J., Mann, F., Lloyd-Evans, B., Ma, R., & Johnson, S. (2018). Associations between loneliness and perceived social support and outcomes of mental health problems: A systematic review. *BMC Psychiatry, 18*(156). doi.org/10.1186/s12888-018-1736-5

adulto representa el lado racional del ser humano. Por último, el niño representa nuestro lado sentiente o emocional.

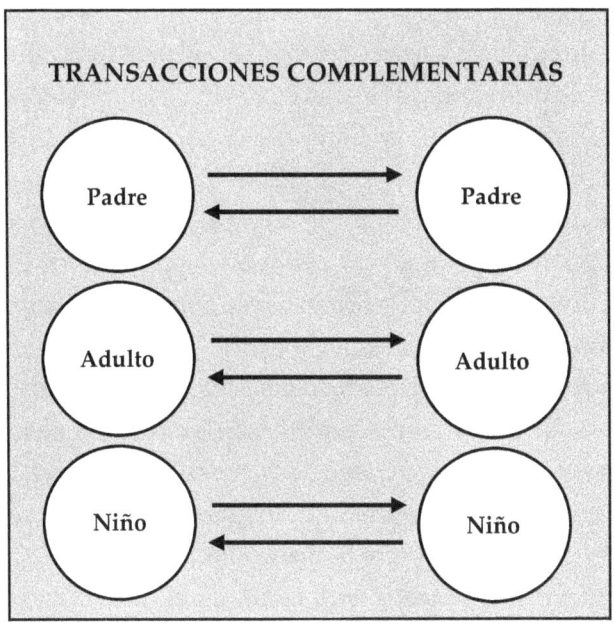

Pasemos ahora a describir en qué consiste una transacción complementaria. Imagina un momento común y corriente en la vida cotidiana de un matrimonio. El marido (un adulto, en el sentido del análisis transaccional) le pregunta a su esposa (otro adulto en el mismo sentido): "Oye, ¿sabes dónde están las llaves de mi auto?". A lo que ella le responde: "Creo que sí; recuerdo haberlas visto colgadas en el llavero cerca de la puerta". La mujer está respondiendo a su marido la pregunta que este le hizo, por lo que se dice que la transacción es com-

## Capítulo 5. El afecto mal obtenido

plementaria: la respuesta emitida por parte de ella es la adecuada y la que se esperaba de su parte, lo cual refleja una relación humana saludable.[8]

Existen además transacciones complementarias que no parten de la premisa adulto-adulto, sino de la premisa padre-niño. Si, por ejemplo, un hombre le dice a una mujer: "Hace frío. ¿Quieres que te preste mi suéter?", está iniciando la interacción desde el rol del padre (en el sentido que ya hemos mencionado) por su muestra de cuidado hacia *el niño* de la otra persona. Y si ella acepta la propuesta de buena manera con una expresión como "¡gracias!, moría de frío", su respuesta es también adecuada para el tipo de transacción que nos compete en este caso. La transacción complementaria es, como puedes observar, el resultado que evidencia un hambre de caricia saciada por parte de las dos personas que interactúan entre sí.

Pero cuando los seres humanos no reciben ese estímulo incondicional, inevitablemente las transacciones cruzadas empezarán a aparecer. Este tipo de transacciones ocurre cuando una persona, desde el ego-estado del adulto, dirige un estímulo hacia el *adulto* de la otra, pero el recipiente responde no desde la misma perspectiva, sino de la del padre hacia el niño. Observemos una vez más el escenario del matrimonio en busca de las llaves, pero ahora partiendo desde la premisa de la transacción cruzada:

Hombre: "Oye, ¿sabes dónde están las llaves del auto?".

Mujer: "¿Otra vez las perdiste? Válgame. ¡No pierdes la cabeza porque la tienes pegada al cuerpo!".

---

[8] Berne, E. (1997). *Juegos en que participamos*. Diana.

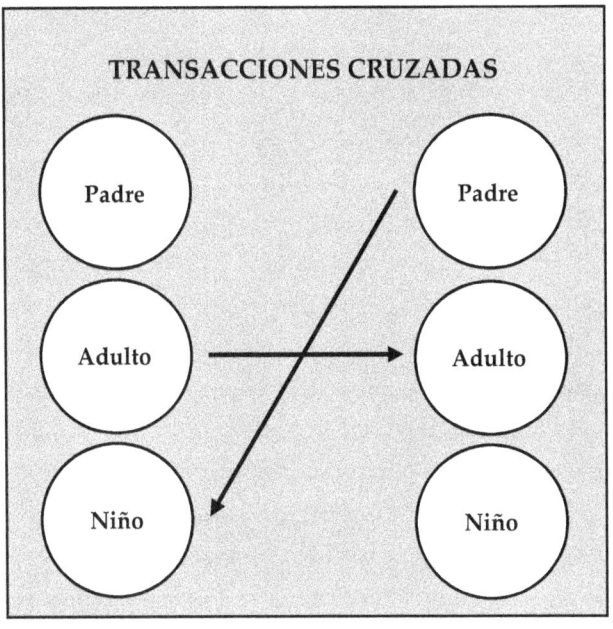

En este caso, el hombre se está comunicando de adulto a adulto, mientras que su esposa responde desde la premisa padre-niño. Es la esencia de la transacción cruzada, y es la raíz universal de cualquier discusión, particularmente entre las parejas. La única manera de no caer en esta trampa y desarrollar el arte de evitar las peleas en el noviazgo y más aún en el matrimonio es ser capaces de identificar en qué punto se ha iniciado una transacción cruzada y no caer en el juego, sino dar el siguiente paso en la interacción buscando siempre la transacción complementaria. De otro modo, si la persona contesta desde la dinámica padre-niño, la interacción podría continuar de la siguiente manera:

Hombre: "¿Cuántas veces no has perdido tú las llaves del auto?".

Mujer: "Pues al menos no las he perdido tantas veces como tú. Y ya vete o se te hará tarde".

Hombre: "¡Como si no supiera qué hora es!".

Mujer: "No parece; siempre llegas tarde".

Hombre: "¿Siempre? ¿Segura? Ayer llegué temprano, por si no te diste cuenta".

Mujer: "¡Vete ya, por favor! ¡No te soporto!".

La discusión puede continuar de la misma forma sin límite hasta que alguien termine muy enojado e insultando, por lo que es necesario reiterar la importancia de estar muy conscientes del momento en que una transacción se cruza. Cuando esto sucede, debes ser capaz de observar la situación como una señal para detener la conversación. Por experiencia profesional y personal, puedo asegurarte que hacerlo así volverá factible el vivir en una relación de pareja libre de gritos y discusiones acaloradas. Todos nosotros hemos cruzado una transacción alguna vez y probablemente lo seguiremos haciendo de vez en cuando. Pero es menester ser capaces de controlar la tentación de continuar con una transacción cruzada y de tener la cordura suficiente para identificarla y frenar el diálogo mediante una reacción nula, como en el siguiente ejemplo:

Hombre: "Oye, ¿no has visto las llaves de mi auto?".

Mujer: "¿Otra vez las perdiste? No lo puedo creer...".

Hombre: "Lo sé, pero las voy a buscar por aquí...".

La clave de esta reacción nula es continuar la vida como si el estímulo cruzado no existiera, aunque nos cueste trabajo por unos instantes no engancharnos. Me atrevo a pensar que el 95 % de los conflictos que derivan en agresiones verbales entre las parejas empiezan con un anzuelo. Si eres capaz de evitar tomar el anzuelo, podrías radicalmente impedir toda agresión en la relación.

Esto que estoy planteando no es cosa menor, pues, a nivel inconsciente, a largo plazo existe una especie de cuenta emocional. Tras 12 años de relación de pareja, por poner un número de manera un poco arbitraria, la cantidad de agresiones y pleitos verbales cobran la factura en forma de una total desvinculación emocional entre los cónyuges.

Además, también es valioso que, en lugar de optar por juegos psicológicos, la pareja practique la intimidad afectiva. Esto significa tener un diálogo en confianza con nuestra pareja sobre algo que nos haya desagradado, pero expresado de una manera asertiva, empática y propositiva. Algo así como "cuando dijiste x-y-z frente a mis amigos, esto me hizo sentir a-b-c. Sé que muy probablemente tu intención no haya sido hacerme sentir así, pero así fue. Por lo tanto, te pido que a-b-c. Si hay algo que yo también haya hecho para propiciar en ti esta conducta, dímelo".

Recuerda tras lo analizado en este texto que tendemos a producir transacciones cruzadas tanto con

> El 95 % de los conflictos que derivan en agresiones verbales entre las parejas empiezan con un anzuelo. Si eres capaz de evitar tomar el anzuelo, podrías impedir toda agresión en la relación.

## Capítulo 5. El afecto mal obtenido

> El peor mal nunca es el que recibimos, sino el que cometemos, pues es el que está en nuestras manos.

nuestra pareja como con los demás, cuando de manera inconsciente percibimos una deuda emocional entre la otra persona y nosotros: cuando no nos han dado un *gracias*, cuando no nos han dicho *discúlpame*, cuando no nos hemos reconciliado.

En este sentido, la raíz de una gran cantidad de discusiones y pleitos en pareja es la percepción o el cultivo de pensamientos de injusticia. Las transacciones cruzadas tendrán lugar en cualquier convivencia humana cuando hay escasez de estas tres virtudes: gratitud, perdón y compasión. Así, el mejor antídoto contra esta particular dificultad es asegurarnos de agradecer constantemente a nuestra pareja por sus bondades y los actos buenos que ha ejercido durante el día. A la vez, debemos estar prestos a pedir perdón por las palabras que nos hirieron tanto a nosotros mismos como a ella o a él. La tendencia entre la mayoría de las parejas es la de esperar a que la otra persona sea la primera en pedir perdón, pero dudo que tu pretensión sea la de formar parte de esas parejas promedio. Si esto es correcto, entonces es tu deber ser el primero en ofrecer una sincera disculpa a tu pareja por el error que hayas cometido, siempre. Incluso cuando sea la otra persona quien se haya equivocado primero, tú debes ser siempre el primero en pedir perdón porque, como veremos en el capítulo 9, el peor mal nunca es el que recibimos, sino el que cometemos, pues es el que está en nuestras manos. Finalmente, mostrar compasión a tu pareja de manera constante te ayudará también a proteger la relación. Has de realizar esta tarea aun cuando tu ánimo no esté en el más alto nivel, pues las transacciones cruzadas abundan en donde prolifera la indiferencia.

Berne señala, decíamos, que existen tres tipos de transacciones: complementarias, cruzadas y ulteriores. En estas últimas, los seres humanos interactuamos aparentemente como adultos, pero en realidad nuestra faceta de niño toma la batuta. Cuando, por ejemplo, hacemos una compra de un auto por razones aparentemente racionales (adultas), pero tenemos la intención de demostrarle a nuestro vecino que ahora poseemos un auto mejor que el de él, hemos interactuado desde la faceta del niño. El objetivo de una transacción como esta es, también, la de obtener afecto, solo que de una forma tortuosa. A partir de esta clase de interacción, Berne nos habla de tres personajes con los cuales extorsionamos al otro para conseguir afecto: el perseguidor, la víctima y el salvador.

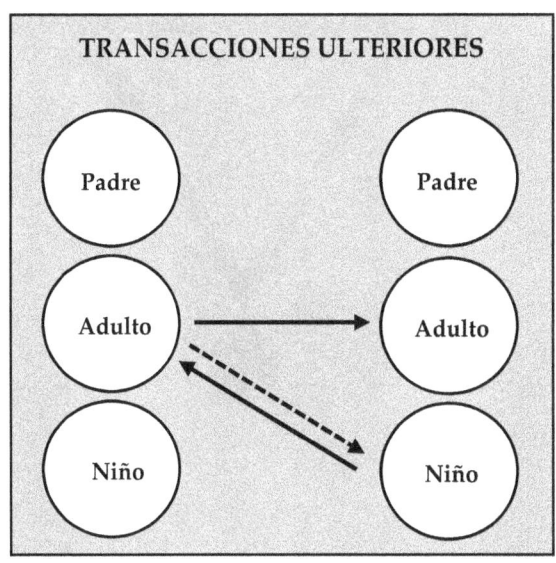

El perseguidor es aquel que busca encontrarle un defecto a alguien aparentemente de una manera racional, como si quisiera educar o corregir a la persona; pero, en el fondo, su verdadero objetivo es el de demostrar que solo él hace las cosas bien. La interacción carga con un mensaje encriptado. Es el caso del marido que le dice a su esposa: "Amor, en la próxima ocasión, no te preocupes; yo cocino" porque no le quedó bien la sopa a su mujer. Aparentemente, el mensaje en su contenido verbal señala la idea "la próxima vez, yo me tomo la molestia de hacer la comida para así ayudarte". Sin embargo, el mensaje que el marido piensa para sí mismo es "sin mí, no puedes hacer nada. Si yo no cocino, a ti te sale muy mal".

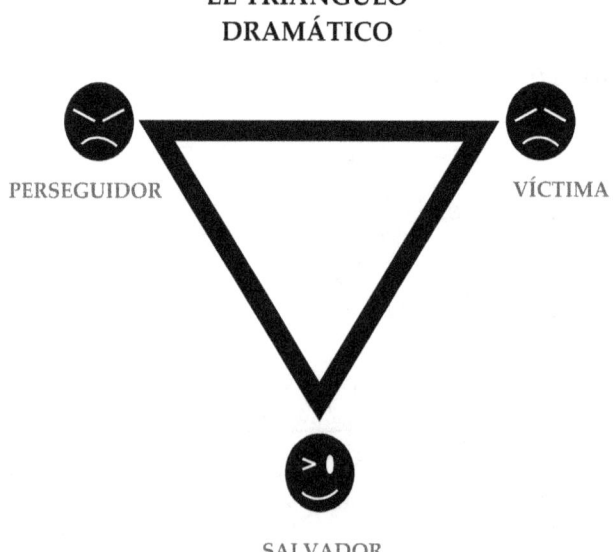

**EL TRIÁNGULO DRAMÁTICO**

PERSEGUIDOR

VÍCTIMA

SALVADOR

Un segundo tipo de transacciones ulteriores es a partir del rol del salvador, o la persona que, a pesar de que no se le está pidiendo su ayuda o consejo sobre alguna cuestión en particular, lo hace de todos modos con el objetivo de recibir, aunque sea, una pizca de afecto al involucrarse en el asunto. Una transacción ulterior de este tipo podría desarrollarse de la siguiente manera:

Mujer 1: "Amiga, te ves triste. ¿Te pasa algo?".

Mujer 2: "No, estoy bien, gracias".

Mujer 1: "Está bien, puedes confiar en mí. Entonces..., es tu novio, ¿verdad?".

En este intercambio, la primera mujer aparenta disponerse a ayudar a su amiga; sin embargo, lo que en realidad hace es involucrarse en una interacción en la que, aunque difícilmente puede agregar una perspectiva integralmente adecuada, ella sí puede conseguir algo de afecto. Al verbalizar ideas tales como "ay, amiga, a mí un día me hicieron algo así...", capta de inmediato la atención de la segunda mujer. Esta atención plena es, en términos del análisis transaccional, un *pago*, es decir, una caricia o un tipo de acción afectiva que resulta estimulante. En realidad, no ayuda mucho el comentario de la primera mujer; pero, eso sí, obtuvo la atención de su amiga. En ocasiones, tras un "pobre de ti" hay una cierta sensación de afecto, que genera, al menos de muy corto plazo, un dejo de satisfacción del hambre afectiva.

De este tipo de transacción se derivan otros juegos psicológicos, como el coqueteo. Desde el análisis transaccional, el coqueteo es considerado un juego psicológico, pues el sentirse

## Capítulo 5. El afecto mal obtenido

atractiva o atractivo es también una forma de sentir afecto aunque sea por unos instantes.

En situaciones más graves, tales como la infidelidad conyugal, estas motivaciones se pueden explicar también con una raíz psicológica, epigenéticamente hablando. Dicha raíz tiene su génesis u origen en el hambre afectiva, a partir de la cual se va generando una estructura inmoral. A manera de ilustración, podemos considerar el caso de cuando el hambre de admiración de un varón en el trabajo se cruza con el hambre de protección y afecto de una mujer. En este escenario, podemos imaginar que la mujer se queja de un mal trato por parte de su novio, a lo cual, el compañero de trabajo –o peor aún, su propio jefe– hace un comentario similar a este: "No lo entiendo. ¿Cómo es posible que alguien no valore a una mujer como tú? Es decir, eres bella, inteligente y de buena educación. Simplemente no comprendo dónde tiene los ojos tu novio. Parece incapaz de ver tus bondades". De este modo, la mujer ha recibido ya un estímulo afectivo. La mujer hace entonces lo suyo, arrojando elogios al varón: "¡Guau! Quedé sorprendida con el reporte que le entregaste al jefe del área; estuvo impecable. De verdad te luciste. No había visto a nadie estar tan al control de la situación, y menos de un problema tan complejo como en el que está la empresa". El varón ha recibido también su ingesta diaria de afecto por medio de estas palabras. Con interacciones como esta, de transacciones ulteriores a partir de los roles del perseguidor, de la víctima y del salvador, han ocurrido grandes traiciones al matrimonio (léase infidelidades) en la historia de la humanidad. En ocasiones, el perseguidor es el esposo o la esposa de alguien, y la persona termina en una depresión de la que sale una vez que se encuentra con un salvador.[9]

En la actualidad, aunque el tema de las relaciones destructivas de pareja ha sido abordado ya muchas veces, señalo aquí algunas de ellas de manera muy breve con el fin de que seas capaz de identificarlas y evitarlas a toda costa.

Las relaciones emocionalmente abusivas son el resultado de compartir una vida en pareja con una persona que hace tanto uso de sus emociones que llega al territorio del abuso emocional, con ataques de ira o con expresiones similares a "sabes que no puedo vivir sin ti / o no puedes vivir sin mí".

Otra clase de relaciones que se alejan del nivel óptimo de una relación de pareja, con base en transacciones complementarias, son aquellas en donde nos vinculamos con una persona narcisista, donde todo lo que importa en la relación gira alrededor de esa persona y no en torno a dos individuos que (en el matrimonio) deciden entregarse a sí mismos buscando el máximo bien posible de la otra persona.

Una tercera forma indeseable de relación en pareja hace referencia a aquella en donde la persona es incapaz de expresar sus emociones, lo cual puede ocasionar que la relación entre

---

[9] Situaciones como la que se ilustra en este punto han dado pie tanto a grandes obras de la literatura universal como a relatos contemporáneos. Tal es el caso del texto mitológico *The hero with the thousand faces,* de Joseph Cambell, el cual aborda, precisamente, las mil facetas que tiene el triángulo dramático del perseguidor, la víctima y el salvador, presente de manera universal en las narrativas de distintos pueblos a lo largo de nuestra historia.

ella y su pareja se vuelva fría y distante.[10] Las personas que tienen interacciones patológicas como estas buscan en el fondo saciar su hambre de afecto, ya sea encontrando defectos a otros, como el perseguidor; quejándose todo el tiempo, como buena víctima; o entrometiéndose en asuntos ajenos en los que no pueden contribuir de manera positiva o en los que ni siquiera tienen idea de cómo ayudar efectivamente de manera salvadora.

En el fondo, las personas que participan en juegos patológicos carecieron del privilegio de obtener afecto de manera incondicional. Ello nos explica, entonces, a los que somos padres de familia, o a quienes lo serán, la necesidad de fomentar una cultura de incondicionalidad afectiva en donde las personas no necesiten hacer algo a cambio para recibir afecto. Para quienes ya tenemos hijos, es nuestro deber enseñarles que todo en la vida tiene su precio, menos el afecto. Que en la familia ellos podrán encontrar la saciedad a ese afecto para desarrollarse de manera plena y que, pase lo que pase, podrán perderlo todo, excepto la certeza de que nosotros, como sus padres, siempre estaremos en busca de su bien. Quien crece con la certeza de que sus padres son capaces de amar incondicionalmente tendrá intacta su vertebración psicológica fundamental.

Para aquellos lectores cuya sed de conocimiento siempre los acompaña, presento aquí una serie de autores que los ayudarán a profundizar más sobre el tópico actual.

---

[10] Riggio, R. E. (2020). 5 Relationship partners you need to avoid. *Psychology Today*. Recuperado de https://www.psychologytoday.com/us/blog/cutting-edge-leadership/202010/5-relationship-partners-you-need-avoid

Quienes estén interesados en conocer más sobre el aspecto clínico de las transacciones y las dinámicas humanas en relación con la obtención de estímulo afectivo, William Glasser, en *Reality Therapy*,[11] comparte relevantes investigaciones contemporáneas sobre cómo una gran cantidad de padecimientos depresivos, trastornos alimenticios, trastornos afectivos y los trastornos del comportamiento en general encuentran su raíz última en la falta de incondicionalidad afectiva.

Los trabajos del doctor Eric Berne sobre el análisis transaccional,[12] *Juegos en que participamos* y *¿Qué dice usted después de decir hola?*,[13] también ayudan a comprender con mayor detalle lo explicado en este capítulo. Asimismo, conviene destacar el trabajo de Juan Bosco Abascal Carranza, *Sólo quien se siente amado puede ser educado*, donde explica de manera sintética el contenido del análisis transaccional enriqueciéndolo con una perspectiva antropológica integral. Y para quienes desean examinar las primeras investigaciones durante el siglo XX sobre la importancia del estímulo, los trabajos de René Árpád Spitz[14] y Wilder Penfield[15] les resultarán muy enriquecedores.

---

[11] Glasser, W. (1975). *Reality therapy*. Harper Perennial.
[12] Berne, E. (1961). *Transactional analysis in psychotherapy: A systematic individual and social psychiatry*. Pickle Partners Publishing.
[13] Berne, E. (1975). *What do you say after you say hello?* Transworld Pub.
[14] Spitz, R. (1945). Hospitalism: Genesis of psychiatric conditions in early childhood. *Psychoanalytic Study of the Child, 1,* 53-74.
[15] Penfield, W. (1952). Memory mechanisms. *Archives of Neurology Psychiatry, 67,* 178-198.

## Capítulo 5. El afecto mal obtenido

Quiero concluir este capítulo con una síntesis acerca de la esencia del hambre afectiva para reforzar lo aprendido hasta este punto. En primera instancia, has de recordar que una vez que hayas decidido contraer matrimonio, será mejor que seas la principal fuente de afecto incondicional de tu pareja, pues, de otro modo, alguien más lo será. No se trata necesariamente de alguien que propicie una relación inmoral como la infidelidad; podrían ser también los hijos, los padres o incluso amigos de la persona. Así, para lograr nuestra meta será necesario desarrollar el hábito de dar afecto a nuestra pareja de la manera en que a esta le gusta, aunque al principio sea una tarea difícil de alcanzar. La clave consiste en no desistir y tener la disciplina suficiente para hacer esto de manera consistente hasta el punto en el cual se vuelva placentero, como toda virtud. Por ello el amor es una virtud; se ejerce de manera adecuada, oportuna, eficaz y placentera. Ya decía Aristóteles que la virtud es un premio en sí misma, pues para la persona virtuosa, hacer lo correcto es para ella una fuente de placer puro. Con el amor, nada menos que la mayor virtud a la que podemos aspirar, entregar nuestro afecto a la otra persona de la manera que ella prefiere y que satisface su hambre afectiva tiene como efecto un goce de plenitud en sí mismo.

> Será mejor que seas la principal fuente de afecto incondicional de tu pareja, pues, de otro modo, alguien más lo será.

Una segunda implicación se refiere a la importancia de estar atentos a nuestra propia hambre afectiva, pues toda infidelidad –sea esta genital o incluso estructural–[16] puede estar dinamizada (no causada, como veremos más adelante) por una vida afectiva pobre.

Es preciso ser conscientes de esta debilidad que todo ser humano tiene –en mayor o menor grado– para evitar caer rápidamente en un juego psicológico que bien puede pasar de inocuo o irrelevante, tal como un coqueteo que surge a partir de un simple intercambio de miradas, a un juego psicológico grave con consecuencias brutales, como la infidelidad estructural, que puede destruir una familia. Todo como resultado de un bien placentero de corto plazo.

> Toda tentación, justamente por tratarse de una tentación, es incapaz de cumplir lo que promete. Nunca podrá satisfacer nuestra hambre de amor incondicional a la que estamos llamados a dar y a recibir.

En tercer lugar, es necesario entender que todo juego psicológico es una *estructura de tentación*. Esto se aplica tanto si estás en un papel de iniciarlo como de continuarlo; tanto para lanzar el anzuelo –o el estímulo que comienza una transacción cruzada o ulterior con el afán de discutir– como para atraparlo y seguir el juego, tal como un coqueteo o una discusión fuerte

---

[16] La infidelidad estructural es aquella que no se ejerce de manera casual y en relaciones que, por lo regular, quedan solo en el contacto genital, sino que implica una relación afectiva más o menos estable con otra persona por más de un año.

cuyo camino solo lleva a la herida mutua entre las personas involucradas. El juego psicológico es una tentación incluso desde una perspectiva teológica, una tentación proveniente del demonio y caracterizada esencialmente por la mentira. Parafraseando la sabiduría del gran filósofo mexicano don Manuel Díaz Cid, toda tentación, justamente por tratarse de una tentación, es incapaz de cumplir lo que promete. Nunca podrá satisfacer nuestra hambre de amor incondicional a la que estamos llamados a dar y a recibir.

## Ideas para reflexionar y poner en práctica

a) ¿Qué papeles juegas con cierta frecuencia (a hacerte la víctima, involucrarte como héroe/salvador o a encontrar quién se equivoque, es decir, ser un perseguidor)?

b) En tus interacciones sociales, ¿existe alguna persona o personas con quienes tiendas a intercambiar afecto en forma de juego psicológico? Por ejemplo, el coqueteo o flirteo.

c) La próxima vez que percibas una transacción cruzada (una respuesta no esperada e incómoda), haz todo el esfuerzo por no engancharte. Verás que con esta simple acción, poco a poco aprenderás a interactuar de manera más sana y sin discusiones ofensivas.

d) Aprende a pedir disculpas pronto.

e) Desarrolla el hábito de agradecer, sobre todo por los pequeños detalles de tus interacciones. Esto se aplica incluso en el contexto laboral. Nunca estará de más un "gracias por el esfuerzo de haber entregado x-y-z a tiempo".

# Capítulo 6. ¿Cuál es tu postura al interactuar en pareja?

*Ya llegamos al punto en el que diga lo que diga, me dirá exactamente lo contrario. He pensado que la única forma de no pelear con mi esposo es que le comente justo lo contrario a lo que realmente pienso, algo así como psicología inversa.*

Carmen, 59 años

¿Te viene a la mente una persona experta en justificarse a sí misma? Este talento por lo general viene aunado con la capacidad de criticar con precisión los errores de los demás. ¿O conoces a alguna persona que ve la vida con un optimismo ingenuo, ciega a toda realidad? ¿O, incluso, a alguien que, si bien logra identificar sus vicios y errores, piensa que no tiene remedio?

Sería problemático confundir estas posturas con rasgos estables de personalidad. De hecho, aquello a lo que nos enfrentamos son estados mentales que, por medio de la disciplina y la voluntad, podemos alterar para así ajustar mejor nuestra mente a la realidad, particularmente la interpersonal.

Para ilustrar brevemente este punto, considera por un momento que uno de los factores que permite tener éxito en una negociación no ocurre en la negociación, sino en un tiempo anterior, en el estado mental de la persona antes de entrar siquiera a la sala virtual o presencial en la que se llevará a cabo la negociación.

Si un jefe llega a una determinada negociación con un colaborador o incluso va a darle una simple retroalimentación, y tiene un estado mental o postura que podría articularse como "le voy a decir sus verdades" y, a su vez, el colaborador llega con una postura parecida a "¿cómo me exigen que resuelva todos los problemas del departamento si no me recompensan de manera justa?", entonces la probabilidad de que la interacción resulte en un rotundo fracaso es altísima.

En cambio, si las personas involucradas son conscientes del estado mental que están adoptando antes de iniciar la interacción con el otro y tienen la intención de modificarla, buscando no solo el bien propio, sino también el de la otra persona, la probabilidad de una interacción exitosa será mucho más alta.

Del ejemplo anterior podemos deducir que el primer error que nos aleja de una vida plena en pareja es adoptar una postura inadecuada cuando nos relacionamos con esa persona, postura capaz de dañar e incluso destruir todo vínculo íntimo previo. Por otro lado, ser autocríticos y analizar el estado mental con el cual nos vinculamos con la realidad nos ayudaría a dar el primer paso hacia mejores interacciones no solo con nuestra pareja, sino también con el prójimo.

Así, a continuación, explicaré cuatro distintos estados mentales que las personas adoptan en sus relaciones de pareja y que destruyen la posibilidad de que dichas relaciones sean plenas y armoniosas. Posteriormente, daré a conocer un quinto estado mental que podrías desarrollar a partir de hoy con la finalidad de afinar una relación existente o futura.

## La postura paranoide

*Necesito un terapeuta que le haga entender a mi pareja lo erróneo de su comportamiento.*

Christopher, 43 años

Señalar con frecuencia los errores del otro, así como recalcar continuamente que se tiene la razón son los principales síntomas de la postura paranoide. Es particularmente complejo trabajar con un paciente que tenga esta postura. En primera instancia, porque rara vez se concibe como el motor del cambio y menos aún reconoce su propia responsabilidad en la relación. En segunda, porque es muy poco frecuente que solicite la ayuda, a menos que sea para que el otro cambie.

La postura paranoide consiste en situarse en un estado mental que lleva a pensar que los demás son quienes necesitan mejorar su actitud ante la vida y las personas, y nunca uno mismo. Su nombre deriva del trastorno paranoico, y las personas que padecen este trastorno de personalidad se caracterizan por percibir que los demás tienen como objetivo hacerles daño. Pero, por favor, si tu pareja tiene el hábito de interactuar contigo desde una postura paranoide, te pido que no infieras que padece un trastorno; es importante recordar que estamos hablando de posturas y que, si bien una persona puede tener muy arraigado este mal hábito, eso no necesariamente se traduce en un trastorno. El doctor Thomas Anthony Harris, autor del libro *Yo estoy bien, tú estás bien*, basado en el análisis transaccional del doctor Eric Berne, denominó a esta postura como *yo estoy bien, tú estás mal*. Si, por ejemplo, una persona está leyendo este libro y piensa: "¡Cómo le hace falta a mi pareja leer esto!", tenemos entonces un caso de alguien que ha engendrado esta postura paranoide sin darse cuenta de ello. Esta manera inconsciente de vincularse con una persona, al convertirse en un hábito tras su constante práctica, causa grandes disfunciones en las relaciones humanas.

Para ahondar un poco más en esta postura, tomemos en cuenta un sesgo adicional y un concepto propios de las ramas social y cognitiva de la psicología: el sesgo de autoservicio y la ventana de Johari. El sesgo de autoservicio es la tendencia a

### Capítulo 6. ¿Cuál es tu postura al interactuar en pareja?

justificar nuestros actos por más reprobables que puedan ser, a la vez que juzgamos duramente los de los demás.

El sesgo de autoservicio a su vez está relacionado con el concepto conocido en la psicología cognitiva como la ventana de Johari. En el siglo XX, los doctores Joseph Luft y Harrington Ingham desarrollaron este modelo –cuya vigencia sigue sin agotarse– para explicar la tendencia que tenemos a disminuir la claridad de la percepción de ciertos rasgos de personalidad y comportamientos que no son tan positivos. La siguiente imagen ilustra lo anterior:

|  | Conocido por mí | No conocido por mí |
|---|---|---|
| **Conocido por los demás** | Área libre<br>• Lugar donde vivimos<br>• Profesión<br>• Actividades públicas | Área ciega<br>• Hábitos inconscientes propios |
| **No conocido por los demás** | Área oculta<br>• Secretos<br>• Vida íntima | Área desconocida<br>• Yo no lo sé<br>• Nadie lo sabe<br>• Dimensión inconsciente del comportamiento |

El área ciega, ubicada en el segundo cuadrante de la ventana de Johari, se vincula con el sesgo de autoservicio porque implica aquellos rasgos propios que son desconocidos por nosotros mismos pero que la gente que nos rodea sí percibe. Retomaremos esta área brevemente, pero antes te explicaré la esencia de las otras áreas. En el primer cuadrante encontramos el área libre: aquí descansan nuestros rasgos de los cuales tanto nosotros mismos como los demás somos conscientes. Algunos rasgos típicos de esta área son el género (masculino o femenino), la carrera profesional o el lugar donde vivimos. En el tercer cuadrante, el área oculta, están los rasgos propios que solo nosotros conocemos. Aquí residen los secretos y los detalles privados de nuestra vida íntima que muy pocas personas –o tal vez nadie– conocen acerca de nosotros. Y, finalmente, en el cuarto cuadrante, se encuentra el área desconocida, caracterizada por la inconsciencia tanto por parte de los demás como por nosotros sobre determinados rasgos nuestros. En otras palabras, en esta área se hace referencia a la mente inconsciente y comprende atributos de nuestra personalidad que nadie es capaz de identificar.

Una vez presente la idea general, profundicemos ahora sí en el área ciega. Sabemos ya que esta área involucra aquellos rasgos nuestros que los demás ven, pero que para nosotros es imposible percibir. Esto lo notan especialmente las personas que mejor nos conocen. Además, los rasgos que resaltan aquí son los defectos de carácter que tendemos a retener o suprimir a pesar de que otros nos los señalan.

Por esta razón se vuelve difícil recibir retroalimentación de ciertas cosas o hechos acerca de nosotros que nos molestan muchísimo, al grado de preferir pensar algo parecido a "eso es hartamente exagerado" para justificar nuestro habitual mal comportamiento. Sin duda, pensar de manera similar es, hasta cierto punto, normal. El problema surge cuando nuestra área ciega es tan grande que todo el mundo observa una determinada cantidad de defectos en nuestra personalidad, menos nosotros. Tal actitud de "yo estoy bien, tú estás mal", al reforzarse a través del hábito, genera que las personas aprendan a vincularse desde una postura paranoide como mecanismo de defensa, lo cual, en última instancia, desemboca en la soledad. Quien cultiva la postura paranoide está condenado a vivir aislado, puesto que entrar en un diálogo de intimidad con el cual nos podamos sentir psicológicamente seguros, y que es propio de la vida en pareja, resulta sumamente difícil.

Recuerda que el mejor indicador de que alguien tiene una postura paranoide es que logra ver con mucha claridad a todos los paranoides que lo rodean.

## La postura depresiva

*Me tienen que querer como soy.*

Carlos, 41 años

El análisis transaccional postula que la segunda postura es llamada *yo estoy mal, tú estás bien*, a la cual también podemos denominar postura depresiva. La persona que ha desarrollado una postura depresiva tiende a pensar –de manera un tanto cínica– que tiene áreas de oportunidad para mejorar sus actitudes, pero que no posee las capacidades para modificarlas.

Son frases hispanoamericanas como "chango viejo no hace maroma nueva" o "genio y figura hasta la sepultura", las que hacen referencia a esta postura. Para darte una mejor idea de personas que interactúan a partir de esta actitud, considera a quienes suelen decir: "Así soy, y ni modo", como si todos, incluyendo a esa misma persona, tuvieran que "soportar" cómo es. Así, reitero entonces que la esencia de la postura depresiva consiste en reconocer los defectos que uno debería mejorar, pero sin sentirse capaz de lograrlo.

Podemos afirmar que la postura depresiva sería algo así como el extremo opuesto a la persona que adopta una perspectiva voluntarista: la idea –falsa– de que basta con desear cambiar algo para lograrlo. Quien adopta una postura depresiva observa la mejora de uno mismo como algo imposible y, por el otro, quien confía ciegamente en su propia voluntad para cambiar reduce la complejidad inherente de la mejora humana en una expresión tan banal como "si no puedes, es porque no quieres". Así, es importante adoptar un espíritu crítico y recordar una de las lecciones aristotélicas más destacadas: la virtud se encuentra en el justo medio de los extremos.

## La postura maníaca

*Te amé desde el primer momento que te vi, ya te imaginaba así.*

Canción popular

La tercera postura consiste en aquella que adopta una visión maníaca de la realidad. Sin embargo, antes de proceder con la esencia de esta postura, es relevante tomar en cuenta qué significa la palabra manía. Cuando una persona pasa por un período con un "estado de ánimo anormal y persistentemente elevado, expansivo o irritable",[1] caracterizado por una alta autoestima, disminución del sueño, mayor deseo de mantener una conversación y una fuga de ideas, entre otros, se dice que pasa por un episodio hipomaniaco. Ahora bien, nuevamente recalco que en este libro no me refiero a un trastorno de personalidad, sino a la manera de vincularnos con nuestro prójimo. Piensa, por ejemplo, en aquellas épocas de tu vida en que has estado enamorado. Es en esos casos cuando solemos adoptar una postura maníaca; cuando asumimos que tanto nosotros mismos como la persona de la que estamos enamorados somos maravillosos y sin defecto alguno, y que basta con habernos conocido para que nuestra relación sea ideal.

Sin darle tantas vueltas al asunto, la postura maníaca es propia de la persona enamorada que asume la ausencia de defectos en ambas partes de una relación amorosa o que asume que basta con conocer a la persona adecuada para que todo marche siempre bien. O dicho en forma negativa, que si una persona va mal en su relación de pareja es porque no se ha encontrado aún con su "alma gemela", con quien todo será maravilloso una vez que estén juntos.

## La postura nihilista

*No creo que nuestra relación tenga remedio; nos hemos dañado mucho.*

Charlie, 31 años

"Efectivamente, yo estoy mal y tú estás mal, pero no hay nada que se pueda hacer". Quien se expresa de una manera similar

---

[1] DSM-5, episodio hipomaníaco, p. 123.

a esta adopta la cuarta postura, la cual denominaré postura nihilista. Para orientarte un poco respecto al significado de este extraño término, considera la etimología del concepto: nihilista proviene del latín *nihil* y significa 'nada'. Considera además que el nihilismo es también una doctrina filosófica que asume la intrascendencia del ser; es decir, no existe ningún valor humano que sea verdaderamente trascendente; todo valor es inmanente; no existe una realidad por la cual valga la pena vivir que sea verdaderamente universal e importante.

Ahora bien, es igualmente importante recordar que en este caso no nos referimos a una filosofía, sino a una posición particular de colocarnos frente al otro y decir: "Las cosas entre tú y yo están mal, pero así somos y el cambio hacia una mejor relación no es posible". Bajo esta premisa, en las relaciones de pareja, la postura nihilista asume algo como "mi novio, al igual que yo, tiene muchos defectos. Tantos, que no vale la pena esforzarse si al final no llegaremos a nada, y esto lo sabemos porque lo hemos intentado en incontables ocasiones". En psicoterapia, por ejemplo, he tenido la oportunidad de escuchar a muchas personas que dicen cosas como "esta es la última oportunidad que le doy a esta relación porque considero seriamente que no hay nada que hacer", o "siempre estaré así, como estoy ahora" o "he tenido muchas relaciones, y en todas sucede lo mismo; ya me di cuenta de que el amor es así. Es cuestión de disfrutarlo un tiempo porque después se acaba". En todos estos casos, la idea que fundamenta la postura nihilista es que las cosas son como son y no hay nada que uno pueda hacer al respecto.

Tomando en cuenta que esta postura le arranca la voluntad a la persona para mejorar su relación, de nuevo te exhorto a que seas cauteloso con esta mentalidad. La postura nihilista tiene un sesgo muy marcado de determinismo –la idea de que no tenemos libre albedrío y, por lo tanto, carecemos de la capacidad de actuar con nuestra propia voluntad para mejorar poco a poco–, que nos aleja de la realidad, por lo que puedes estar desaprovechando grandes posibilidades de construir un vínculo humano sólido con esa persona que será la más importante en tu vida.

## La postura realista

*Mi pareja tiene defectos, igual que yo. Vengo a la sesión a saber con claridad qué es lo que me toca a mí hacer.*

Juan, 51 años

La quinta y última postura que examinaremos es la realista, la cual consiste –como su nombre lo indica– en tener una visión más real de las cosas. ¿Qué implica adoptar una visión así? En primera instancia, que las buenas cualidades y virtudes de una persona son más grandes que sus vicios y defectos. Sin embargo, si sucede que nos es difícil aceptar este hecho, es probable entonces que nuestra percepción sobre una persona tenga ya mucho tiempo de estar contemplando solo su lado negativo y se haya acostumbrado a destacar sus vicios (que desde luego tiene, al igual que nosotros) por sobre sus virtudes.

En segundo lugar, adoptar una postura realista implica darse cuenta de que aquello que te une a ti y a tu pareja es más grande que aquello que los separa. Es indudable que en una relación de pareja habrá conflictos entre el hombre y la mujer. En ocasiones, una persona querrá ir hacia un lugar y la otra preferirá irse al lado opuesto. Pero, aunque este tipo de situaciones surjan a lo largo de su vida conyugal, la pareja muy probablemente encontrará que lo que los vincula –los hijos, la religión, una misión en la vida, o incluso, sencillamente, la misma historia que los ha unido– es más grande que todo aquello que parece separarlos.

Un tercer elemento que implica una postura realista es darnos cuenta de lo siguiente: sin importar los defectos que pueda tener mi pareja, siempre hay algo que me toca a mí resolver o mejorar. Por desgracia, es mucho más común encontrar parejas en terapia en donde una de las personas considera que ella es la persona bondadosa y virtuosa, mientras que la otra es egoísta y viciosa. A su vez, es sumamente extraño conocer casos en donde una de las personas diga algo como "sé que mi novia tiene sus malos hábitos y actitudes, pero yo también necesito trabajar en mejorar determinadas áreas en mí". Por ello, el reto de la postura realista es reconocer que hay algo en mi relación de pareja que siempre me va a tocar a mí resolver.

> Adoptar una postura realista implica darse cuenta de que aquello que te une a ti y a tu pareja es más grande que aquello que los separa.

El último aspecto de una postura realista consiste en saber que modificar un hábito es, para cualquier ser humano, un desafío sumamente complejo. Adquirir un buen hábito o deshacerse de uno malo son cuestiones de una magnitud nada insignificante, y el desafío se torna hasta ridículo cuando se tiene la intención de cambiar los hábitos de nuestra pareja. Así, quien desee afrontar el reto que una postura realista implica, siempre debe asumir que el cambio empieza aquí, ahora, por uno mismo y en función de algo con lo que se puede ser mejor.

A partir de todo lo que hemos visto hasta ahora, podemos concluir que la forma en la cual percibimos los retos de nuestra vida en pareja, es decir, la postura que asumimos ante una interacción con la otra persona, determina en gran medida la calidad de nuestras interacciones. Si tengo una postura paranoide, sin importar lo que mi pareja diga, siempre voy a estar buscando defender mi punto, y mi capacidad de escuchar se verá reducida o incluso será inexistente. Por otro lado, si asumo una postura depresiva, mi visión no me permitirá encontrar en mí la capacidad para mejorar las distintas áreas que conforman mi persona. Si tiendo hacia un estado mental maniaco, probablemente ignoraré aquellos factores que pueden ser los más importantes para el éxito de mi relación en favor de emociones muy placenteras en el corto plazo. Y si suelo adoptar una postura nihilista, mi tendencia será asumir que no hay remedio más que aguantar a mi pareja y que las cosas son negativas por naturaleza. En cambio, a partir de una postura realista –y solo a partir de esta– podré asumir que el lado amable de mi pareja es por mucho

> Sin importar los defectos que pueda tener mi pareja, siempre hay algo que me toca a mí resolver o mejorar.

superior a su lado negativo; que lo que nos une es más grande que lo que nos separa y, si hay algo que yo puedo cambiar, es a mí mismo o a mí misma a través de un esfuerzo constante y disciplinado.

## Ideas para reflexionar y poner en práctica

a) Di a tu pareja algo así como "¿qué te gustaría decirme que aún no te hayas atrevido a manifestar por pena, algo de lo que no me he dado cuenta y consideres que es bueno que sepa sobre mí? Prometo que no voy a responder de manera negativa; solo lo escucharé atentamente. ¡Gracias!".

b) ¿Cuáles son algunas cosas en las que no estamos de acuerdo?

   1. ¿Cuáles son las razones por las que creo que yo estoy en lo correcto?
   2. ¿Cuáles son las razones por las que creo que tú piensas como piensas?
   3. ¿En qué sí estamos de acuerdo?
   4. ¿Cómo podríamos encontrar una variante que no sea ni a ni b, sino una nueva que tenga sentido para los dos?

# Capítulo 7. Psicología positiva aplicada

*El arte del buen matrimonio radica en estar tan concentrados en las fortalezas propias y del otro a tal punto que las debilidades resulten irrelevantes.*

Adaptado de entrevista con P. Drucker (consultor y profesor de negocios)

*Lo que más agradezco a mis padres es que no me presionaron para ser un gran estudiante, sino que me impulsaron a ser aquello en lo que sabían que tenía facilidad natural.*

Gary Vee (emprendedor en serie, esposo y padre de familia)

Como ya observamos en el capítulo 1, el enamoramiento consiste en un agradable y adictivo episodio producido por neurotransmisores, neuropéptidos y hormonas que modifican la percepción que tenemos de alguien y nos vuelven momentáneamente, entre otras cosas, menos perceptivos de los defectos de esa persona y mucho más conscientes de lo positivo y atractivo de esta. Todo esto hace aún más agradable encontrarse en dicho estado. Pero ¿qué sucede cuando el enamoramiento ha terminado? Es decir, una vez que nuestro cerebro regresa a los niveles de equilibrio u homeostasis, ¿de qué hablamos y cómo nos vinculamos? ¿Cómo podemos saciar esa hambre de afecto una vez que nuestro cerebro ya no nos "engaña" mediante la percepción en exceso positiva, propia del enamoramiento?

A inicios de este siglo, el campo de la psicología ha tenido un significativo enriquecimiento de sus grandes paradigmas, incluyendo una especie de nuevo campo de investigación y desarrollo denominado *psicología positiva*. Más de uno pensará que se trata simplemente de una manera elegante de llamar a lo que se conoce como optimismo, pero el tema es mucho más que eso: la psicología positiva es el estudio científico de la desviación estándar positiva.

Para dar una mejor idea de a qué me refiero con esto, remontémonos brevemente a cómo se estableció el estudio de la psique. Si observamos la evolución de las ciencias a partir del siglo XVI, podremos notar sin mucho problema que de las matemáticas surgió la física en el siglo XVII. Luego, los avances de la física en el siglo XVIII dieron paso al estudio de la química, y esta, a su vez, originó el estudio de la biología en el siglo XIX, así como de importantes avances médicos. De aquí podemos concluir que para explicar un conjunto particular de conocimientos es necesario entender los fundamentos de su antecesor. De modo que, en sus albores, a inicios del siglo XX, la psicología basó sus paradigmas de investigación a partir de los modelos biológicos y, por lo tanto, surgió de los modelos médicos de desviación estándar negativa. Dicho de manera sencilla, lo que la psicología estudió en todo el siglo XX fue, al igual que el paradigma médico, cómo sanar a las personas, y documentos como el *Manual diagnóstico y estadístico de los trastornos mentales* (DSM-5) son prueba de ello.

Pero en el siglo XXI, psicólogos como Martin Seligman, quien fue presidente de la American Psychological Association; Mihály Csíkszentmihályi y Christopher Peterson, entre muchos otros, abrieron camino hacia un nuevo horizonte alejado de la lógica de sanación de la enfermedad –propia del mundo médico (es decir, la desviación estándar negativa, o aquello que se sale de la normalidad en términos estadísticos)– y enfocado, en su lugar, en los atributos de las personas, familias, organizaciones y comunidades extraordinariamente positivas.

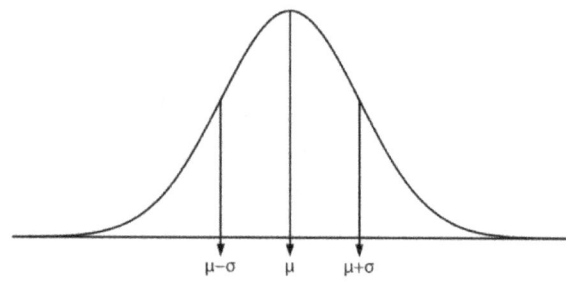

Ejemplo de una distribución normal. Si esta representase a la población mundial, las personas extraordinarias se encontrarían en el lado derecho de la gráfica, después de la línea de la derecha.

La razón de dar a conocer este antecedente es porque la psicología positiva nos enseña que los matrimonios que tienen relaciones positivas extraordinarias poseen una serie de características que les permiten mantener esa plenitud en su relación a pesar de ya no encontrarse en la etapa del enamoramiento. Recordemos que, al igual que una persona que recién obtiene un trabajo e inicia sus actividades con mucho entusiasmo, las parejas que justo comienzan con su relación lo único que anhelan es dedicar su atención y afecto a la otra persona. Pero ¿qué sucede conforme el tiempo transcurre y el deseo de vincularnos con la pareja se disipa?

Si bien es cierto que nuestra percepción se modifica una vez terminado el enamoramiento, el hambre de afecto no sufre cambio alguno, y comprender esta cuestión es crucial: mientras que el enamoramiento tarde o temprano desaparece (más temprano que tarde), el hambre de afecto está presente hasta el final de nuestros días. Resulta igualmente importante considerar la tendencia descendente de las muestras de afecto, por lo que es necesario un esfuerzo consciente y decidido para satisfacer esta necesidad humana. No se trata ya

> Cuando percibir las fortalezas del otro deja de ser espontáneo como resultado del enamoramiento, empieza la posibilidad de continuar enfocándonos en dichas fortalezas ya no por espontaneidad, sino por virtud, es decir, por hábito adquirido a través de la decisión.

de un acto fortuito, ya de una especie de obligación hacia nuestra pareja, sino de una decisión. La psicología positiva nos enseña entonces que las parejas extraordinarias dirigen su atención a las virtudes de la otra persona en lugar de resaltar constantemente sus defectos.[1] Pero ¿cómo hace uno para ignorar los vicios de su pareja y enfocarse en sus bondades?

## El desarrollo integral y equilibrado es un mito

Una de las cuestiones esenciales que se debe tomar en cuenta se refiere a la errónea tendencia a creer que las personas podemos ser integrales y equilibradas en un plano psicológico. Ciertamente, los seres humanos hemos de aspirar a un desarrollo humano integral –físico, psicológico, social y, sobre todo, espiritual– tal como lo plantean la catequesis del papa Juan Pablo II y toda la doctrina social de la Iglesia desde el siglo XX. Pero si por desarrollo humano integral entendemos la progresiva elevación de todos nuestros defectos en busca de una versión de nosotros mismos cuyo estándar sea la absoluta excelencia en todos los aspectos de la vida, estamos en un error.

¿De dónde nos surge el error? Imaginemos que nos encontramos en un estado vulnerable en un bosque. Si de pronto algo se moviera, automáticamente nos pondríamos a la defensiva debido a la probabilidad de que eso que se movió resultase ser una amenaza para nosotros, lo cual generaría una

---

[1] Pileggi Pawelski, S. & Pawelski, J. O. (2018). *Happy together: Using the science of positive psychology to build love that lasts*. New York, NY: Tarcher and Perigee.

reacción que nos forzaría a concentrarnos en aquello que pudiera representar un peligro. Dicho mecanismo es el mismo que se activa cuando los padres observan las calificaciones escolares de su hijo y no pueden quitar el ojo a una nota deficiente en un curso a pesar de que el menor tiene notas sobresalientes en el resto de las asignaturas. La situación entonces podría obligar al padre de familia a decirle a su hijo, con la mejor intención del mundo, que destine más trabajo a la materia en la que no tiene buenos resultados. Esta manera de reaccionar es universal y nos juega, hasta cierto punto, en contra cuando se trata de evaluar la realidad, pues refuerza nuestra inclinación a buscar un remedio a nuestras debilidades.

Pasan los años y los niños se transforman en adultos. Un enfoque inadecuado por parte de los padres hará que este mecanismo, muy eficaz para encontrar irregularidades, se traslade a la esfera de las relaciones, lo cual facilitará que frases como "mi novio o esposo es muy bueno, *pero* siempre se le olvidan detalles importantes" o "mi esposa es muy linda; me encanta estar con ella, *pero* no calcula bien su logística del día" no tarden en surgir. Esa inconformidad viene de la idea "mi hijo es muy bueno en matemáticas, *pero* en ortografía deja mucho que desear".

Lo que en realidad ocurre, si somos un poco más observadores, es que las personas destacadas, en cualquier ámbito –incluso el que nos ocupa en esta obra, el afectivo-familiar–, se destacan por la maximización del uso de sus fortalezas, dones o talentos.

Es realista observar que mientras más relevante sea la fortaleza de una persona, más grande será la sombra que genere esa fortaleza. Si, por ejemplo, una mujer reconoce la virtud de su pareja de saber escuchar y tener un carácter sereno, poco impulsivo, es probable que critique su falta de proactividad y energía para llevar a cabo las cosas. Justamente, gracias a ese conjunto de características, esencialmente genéticas y también cultivadas, propias de cada persona, tenemos un perfil de fortalezas que implican, en mayor o menor grado, también debilidades.

Ahora bien, con todo lo anterior no busco sostener que debamos aceptar nuestros vicios simple y sencillamente porque no existe la perfección. Eso sería caer en una postura depresiva, como lo analizamos en el capítulo anterior. Más bien, te invito a reflexionar sobre el hecho de que con los dones y talentos que tenemos todos, busquemos generar el mayor bien posible para nosotros y los demás.

## Enfoque en nuestras fortalezas

Después de una exhaustiva investigación que ha evolucionado a lo largo de los años, los autores Marcus Buckingham y Donald O. Clifton, en su libro *Ahora, descubra sus fortalezas*, señalan que los seres humanos tienen 34 diversos talentos que se dividen en cuatro macrocategorías: relacionales, estratégicas, de ejecución y de persuasión. En el mismo texto, Buckingham y Clifton incluyen una prueba con bases científicas sólidas que mide las fortalezas de las personas y arroja aquellas en las que se destaca el lector. Sería ideal que nuestro jefe fuera una persona estratégica, capaz de pensar en el futuro con mucha creatividad; a su vez, también sería bueno que fuese atento a todos los detalles, obsesivo con el presente y, por si fuera poco, que tuviera el mejor humor del mundo. Pero la realidad es que no hay una sola persona en el planeta que brille por el uso máximo de todas las fortalezas posibles. Una persona extremadamente destacada en la creatividad y en la visión a largo plazo difícilmente va a sobresalir en el cuidado de los detalles más específicos de una actividad laboral, pues las zonas del cerebro que se desarrollan para la creatividad son distintas de aquellas enfocadas en el cuidado detallado de una determinada actividad.

Estadísticamente, tenemos uno o dos de esos cuatro grandes grupos de fortalezas con las que destacamos y con las cuales crecemos desde pequeños. En ese sentido, quienes somos padres de familia tenemos la gran responsabilidad de ayudar a nuestros hijos a encontrar las fortalezas que les permitan reconocer no solo *cómo hacer algo*, sino *cómo abordar ese algo*.

A manera de ilustración, mi esposa y yo hemos trabajado juntos para inculcar a nuestros hijos el estudio de la música. Todos ellos tienen la habilidad de tocar una pieza musical, pero la razón de que logren este objetivo no es porque intenten remediar sus debilidades, sino porque han aprendido a abordar el reto a través del uso de los dones que Dios les ha otorgado. Uno toca bien la pieza debido a la disciplina de la práctica constante. Otro de ellos logra una buena ejecución porque es capaz de entender el sentido que el compositor buscaba transmitir a través de la obra. A otros, en cambio, los motiva la constante práctica de la música por la posibilidad de ir a la orquesta y convivir con otros chicos. La diversidad de fortalezas es extensa, por lo que es importante que, como padres de familia, ayudemos a nuestros hijos a encontrar aquello que les es fácil ejecutar y en lo que además encuentran un especial gusto, pues si algo los volverá exitosos, así como a nosotros mismos, es la capacidad para emplear las fortalezas al máximo, en lo cual convendría que depositáramos más energía y recursos que en la mitigación de nuestras debilidades.

En concreto, los seres humanos que logran triunfar en cualquier ámbito no lo hacen gracias a un desarrollo equilibrado de todas las características positivas que puedan tener. No carecen de debilidades, sino que el uso de sus fortalezas es tal que sus defectos se vuelven irrelevantes. Decía el gran gurú de negocios Peter Drucker: "El arte del liderazgo consiste en alinear a tal nivel las fortalezas de las personas, que sus debilidades como equipo sean irrelevantes". Del mismo modo, las parejas extraordinariamente plenas son aquellas que de manera resuelta dedican gran parte de su energía psicológica a concentrarse, agradecer, impulsar y desarrollar las fortalezas propias y de la otra persona.

A fin de cuentas, si amar es buscar el mayor bien posible de la otra persona, procurar que utilice sus fortalezas al máximo es una forma concreta de vivir y expresar dicho amor.

## Identificar nuestras fortalezas es todo menos sencillo

Ahora sabemos la importancia de dirigir nuestra atención no tanto hacia las debilidades, sino a las fortalezas de la pareja. La decisión es nuestra.

Es importante destacar que lo complejo de dicho ejercicio se aprecia desde el momento en el cual, de modo individual, buscamos identificar las propias fortalezas; son tan intrínsecas a nuestra personalidad que ni siquiera nos damos cuenta de ellas. De hecho, si preguntamos a varias personas por tres de sus fortalezas, pocas serán quienes tengan la claridad suficiente para responder. La razón se esconde en que, cuando pensamos sobre este asunto, nos enfocamos en los aspectos que nos cuestan trabajo y de los cuales hemos logrado sobreponernos. Pero esas no son nuestras fortalezas. Lo son las habilidades, cualidades y capacidades que ponemos en práctica incluso sin que nos cueste trabajo o sin que nos demos cuenta. Aquellas que surgen de manera tan fluida que es rara la ocasión en la que nos volvemos conscientes de ellas.

En nuestra época como estudiantes, nunca faltaba ese compañero que era muy bueno para las relaciones públicas, amiguero y de sangre ligera. O el compañero que tenía la facilidad para visualizar el futuro, anticipar tendencias y prevenir riesgos. Igualmente, la compañera con el don para hacer sus ideas realidad y venderlas sin mucho esfuerzo. Muy probablemente todos ellos podrían haberse convertido en empresarios o directivos exitosos si hubieran reconocido sus fortalezas y hubieran enfocado sus esfuerzos a aprovecharlas.

Dicho esto, es fundamental orientar a los pequeños a encontrar sus fortalezas a través de la exploración de su mundo. Una agenda ocupada, no saturada, es de los mejores regalos que les podemos obsequiar a los hijos, en la medida de la prudencia, desde luego. El objetivo no es solo que ejecuten un deporte o una actividad artística, sino que se conozcan en diferentes escenarios y actividades, para que así descubran dónde se ubican sus fortalezas a lo largo de la vida. Mientras más rápido logren vislumbrarlas, y, a su vez, trabajarlas, más fácilmente lograrán no solo el éxito desde el punto de vista económico, sino también en la plenitud humana, que es el resultado de vivir en las fortalezas y, sobre todo, ponerlas al servicio de los demás.

## Fortalece tus fortalezas

Fortalecer las fortalezas se refiere a enfocarse en mejorar aquello en lo que uno, de suyo, ya es bueno. En algunos países de Hispanoamérica, en la víspera de Año Nuevo se acostumbra representar propósitos para el próximo año a través de doce uvas. Del mismo modo, resulta común señalar las debilidades propias de modo que se dibuje un camino de mejora próximo. Sin duda, plantearse como propósito de año nuevo hacer más ejercicio dado que no se posee el hábito de ejercitarse representa un ideal completamente válido y deseable. Que alguien adquiera el hábito de la lectura cuando considera que los libros son "sagrados" y por eso ni los toca, también.

Pero también es cierto que el autodesarrollo podría implicar el mejorar aún más lo que ya de por sí hacemos bien y que nos gusta hacer. Podrá parecer extraño encontrarse con alguien que, por ejemplo, sea muy creativo y se plantee ser todavía mejor en este aspecto, pero la realidad es que resulta mucho más rentable invertir en las fortalezas que en las debilidades. Pensemos en este punto un momento. Considerando que la vida consta de un presupuesto limitado de tiempo, energía, dinero y atención, ¿cuánto de cada uno de estos recursos necesitamos para deshacernos de un mal hábito? Ahora bien, ¿cuánto necesitamos para desarrollar un buen hábito? Como ya hemos dicho antes, recurrir a nuestras fortalezas para alcanzar objetivos resulta más sencillo y menos costoso que adoptar métodos ajenos a nuestros talentos naturales. En ese sentido, resulta más conveniente invertir el 70 % del tiempo, energía, dinero y atención en maximizar el uso de fortalezas, y 30 %, para subsanar nuestras debilidades, o incluso, mejor aún, hacer uso de nuestras fortalezas para mejorar áreas de oportunidad.

Siguiendo la idea de mejorar en nuestras fortalezas, para quienes somos padres de familia, el quehacer fundamental en este sentido es dual: reconocer las fortalezas de los hijos, por un lado, y, por otro, asignar tareas en función de ello. El entusiasmo con el que las realizan será notable, al igual que su compromiso y su buena manera de proceder.

Pero si buscamos ese equivocado desarrollo humano "integral" en los hijos, y ellos ponen empeño en aquello en lo que no son buenos, el resultado será que tendremos hijos integralmente buenos para nada, pues habrán empleado sus recursos para remediar debilidades en lugar de ocuparlos en sus propias fortalezas.

## El principio heliotrópico

En la psicología positiva existe un concepto llamado el principio heliotrópico. Si prestamos atención a su origen conceptual –ηλιος (*helios*: sol) y τρόπος (*tropos*: dirección)–, entenderemos por qué esta tesis hace referencia al girasol y a su movimiento siempre dirigido al sol. El principio heliotrópico carga con este nombre porque los seres humanos, en cierto modo analógico, funcionamos igual que el girasol, es decir, nos movemos en función de aquello que nos carga de energía. Buscamos a las personas que, al pasar tiempo con ellas, nos llenan de vitalidad en lugar de desgastarnos; aumentan nuestro entusiasmo, nuestros pensamientos optimistas y esperanzadores; e impactan, por lo tanto, en nuestro comportamiento y en nuestro compromiso con el presente. En otras palabras, gustamos de pasar el tiempo con personas que nos conocen y que reconocen nuestras fortalezas más que nuestras debilidades. Ello no significa que sean ciegas a estas o que no nos proporcionen una crítica constructiva de vez en cuando; más bien, que son capaces de vincularse con nosotros siendo conscientes de nuestros talentos y actuando en consecuencia de ellos.

Convertirnos, por así decirlo, en el sol que recarga de energía a nuestra pareja es el imperativo del principio heliotrópico. Si queremos gozar de una verdadera plenitud en pareja, es indispensable convertirnos en la persona con quien nuestra esposa o esposo decida pasar la mayor parte de su tiempo. Por supuesto que, en cierto sentido, al convivir con ella o él –sobre todo cuando ya vivimos el matrimonio–, nos volvemos "la principal víctima" de sus defectos y errores, a la vez que ellos también tienen que lidiar con nuestras debilidades. Pero también es cierto que somos los principales beneficiarios de las fortalezas de nuestra pareja. Somos quienes tenemos la dicha de recibir diariamente una abundancia de regalos a su nombre en forma de talentos, dones, gracias y virtudes, y notarlo dependerá de cómo utilicemos nuestra energía.

A modo de conclusión de este breve apartado, te exhorto a dedicar tu atención a las fortalezas de tu pareja. Actuar de esta forma no solo nos brinda paz a nuestra vida y muchas más razones para entusiasmarnos en nuestra relación, sino que también genera en ella un efecto positivo. Si estamos atentos a esas fortalezas, la mirada con la cual observamos a nuestra pareja propiciará en ella o él un mayor deseo de querer estar con nosotros.

## Gratitud, perdón y compasión

Enfocarse en aquellas cualidades buenas y positivas de nuestra pareja es solo parte del rompecabezas. Es preciso, además, cultivar tres virtudes esenciales si buscamos lograr una relación armoniosa:

- aprender a dar gracias
- aprender a pedir perdón
- desarrollar la disposición para ayudar constantemente a nuestra pareja

En cuanto al tema de la gratitud, todos los días hemos de depositar un "gracias por este día". Mientras más específicos seamos con nuestras palabras, mejor será el gesto de gratitud. Además, si dirigimos nuestro agradecimiento a exaltar las fortalezas de nuestra pareja, eso nos ayudará aún más en la edificación de una relación extraordinaria. Y si llegásemos a pensar en la posibilidad de un excesivo nivel de gratitud, he de decir que no debemos temer a dar las gracias lo más posible; no hay tal cosa como un exceso de gratitud.[2]

El perdón es un elemento igualmente indispensable en una relación de pareja exitosa, por lo que un consejo vigente en cualquier caso es estar prestos en pedir perdón. Con frecuencia, cuando una discusión de pareja se vuelve acalorada, uno puede ofender repentinamente al otro y desencadenar así una serie de ofensas entre una y otra persona quienes, además, tienen ambos la certeza de que el otro es quien se debe disculpar primero para que la situación pueda llegar a un arreglo.

Tal manera de proceder termina por crear un círculo vicioso en el que ninguno de los involucrados pondrá de su parte para salir del vicio y perdonar.

La diferencia entre esta clase de parejas y aquellas que son extraordinarias no radica en que estas últimas no discutan de vez en cuando. La diferencia reside en que, en una relación extraordinaria, una o ambas personas dirán rápidamente: "Perdóname, no debí haber dicho esto" o "te pido perdón por haberme olvidado de este asunto". El perdón no puede ser una cosa espontánea, sino que nace de un ejercicio constante de la voluntad con el propósito de enmendar nuestros errores al momento de volvernos conscientes de ellos. De otra forma, su pobre puesta en práctica será la causa de un probable remordimiento entre nuestra pareja y nosotros, que nos alejará de esa plenitud que tanto buscamos.

---

[2] Emmons, R. A., & McCullough, M. E. (2003). Counting blessings versus burdens: An experimental investigation of gratitude and subjective well-being in daily life. *Journal of Personality and Social Psychology, 84*(2), 377-389. doi.org/10.1037/0022-3514.84.2.377

Finalmente, las parejas no pueden olvidarse de practicar habitualmente la compasión; de encontrar la manera con la que puedan contribuir en la esperanza de la otra persona o de representar una ayuda para ella, ya sea por medio de una escucha, por ejemplo, pero siempre buscando estar al servicio constante del otro. Como ya lo he mencionado, amar es una decisión, pero también es servir al prójimo, y con mayor razón a nuestra esposa o esposo. Por ello, insisto fuertemente en que detengas la lectura por un momento y te acerques a tu pareja para preguntarle si hay algo en lo que la puedas ayudar. Es posible que si esto no representa un comportamiento habitual, la reacción de ella o de él pueda mostrar cierto escepticismo, pero el punto es atreverse a poner la compasión en práctica. Conforme pasen los años, las virtudes de la gratitud, el perdón y la compasión desarrollarán raíces fuertes y profundas en tu relación, y no habrá persona con la que disfrutes más la vida que con tu esposo o esposa.

## Ideas para reflexionar y poner en práctica

a) Comienza un diario de gratitud. Escribe diariamente tres cosas por las que das gracias a tu pareja, a la vida, a Dios, etcétera. Compártelo con quien tengas más cercanía.

b) Lleva un registro de momentos de gratitud. De esfuerzos que detectes en tu pareja, desde sus detalles, sus sonrisas, hasta sus desvelos. Trata de reunir la lista más larga que puedas y aliméntala todos los días de tu vida.

c) Hoy manda un mensaje a tu pareja en el que le digas algo así como "solo te escribo para preguntarte si se te ofrece algo; estoy pensando en ti".

# Capítulo 8. La fractura ontológica

*Así son los hombres, como animalitos, muy primitivos en sus impulsos.*

Eugenia, 53 años

*Mi esposa siempre está preocupada, por una u otra razón.*

René, 41 años

Debo advertir, en especial en este capítulo, que será fundamental leerlo completo antes de cerrar el libro o, incluso, evitar interrumpir la lectura. Esto lo advierto también cuando he tenido la oportunidad de impartir alguna cátedra o seminario sobre este tema. Si te quedas a la mitad, la probabilidad de que te quede la sensación justamente contraria a la que deseo plantear es altísima.

Me atrevo a decir que todo ser humano tiene un "defecto" –por llamarlo de manera simple– que impacta en muchas esferas del comportamiento, pero particularmente en la capacidad de amar y vivir plenamente en pareja. La naturaleza de esta suerte de defecto es literalmente universal. Lo encontramos en todas las culturas, latitudes, épocas, religiones, y, como pocas cosas, es de naturaleza transhistórica. Es decir, es tan atemporal y universal como las emociones más básicas o los miedos más profundos. Dirían los junguianos que se trata de un arquetipo en su forma más universal, aunque como a todo arquetipo, cada época, cada cultura y cada persona le da una forma y contenido específicos. Paradójicamente, aunque somos más o menos conscientes de él, rara vez lo podemos verbalizar y dimensionar de la manera correcta, con lo cual lo menospreciamos, y, como consecuencia, sus impactos son aún más peligrosos.

A este defecto, estudiado previamente desde distintos ángulos –particularmente el evolutivo y el teológico–, lo he denominado *fractura ontológica*. Fractura porque nos refleja analógicamente la noción de ruptura, de la naturaleza de algo que tenía unidad y por algo se rompió. Es ontológica porque

## Capítulo 8. La fractura ontológica

> Todo ser humano tiene un "defecto" -por llamarlo de manera simple- que impacta en muchas esferas del comportamiento, pero particularmente en la capacidad de amar y vivir plenamente en pareja. La naturaleza de esta suerte de defecto es literalmente universal.

se encuentra en la dimensión más íntima de nuestra consciencia, en nuestra esencialidad.

En otras palabras, en cualquier momento de la humanidad del que se tenga registro, existen vestigios de esta misma naturaleza humana escindida o –desde una perspectiva puramente etimológica– esquizofrénica (entendida como la división de la mente o la inteligencia),[1] como veremos más adelante. Esto quiere decir, en cierto modo, que todos nosotros padecemos de cierta naturaleza esquizofrénica; no hay quien se salve de ella. En concreto, me refiero a la tendencia del varón conocida como la *concupiscencia de la carne* y, en la mujer, a su tendencia llamada *concupiscencia del alma*. Examinaremos primero la naturaleza escindida o dividida del varón, para después pasar a reflexionar sobre el mismo asunto en el caso de la mujer.

---

[1] Günther, B. (2003). Etimología y fonética neohelénica del vocabulario médico: Autoaprendizaje mediante la práctica. *Revista Médica de Chile, 131*(12), 1475-1514. doi.org/10.4067/S0034-98872003001200019

## La concupiscencia de la carne

Cuando se hace referencia a la fractura ontológica en el varón, se entiende la proclividad o tendencia negativa que tiene este a observar a la mujer como objeto, el cual desea poseer para placer propio. Esta proclividad puede ser, desde luego, controlada o matizada por la educación, particularmente por la autorregulación, también llamada virtud de la templanza. Dicha autorregulación puede ser educada ya sea desde la primera infancia o bien adquirida a partir de una decisión en la vida adulta, como toda virtud.

Nos referimos, pues, a la tendencia que tenemos todos los varones del mundo de entendernos como los destinatarios del placer corporal constante; de merecer todos los apetitos de la carne, sean estos de alimentos, de bebida o, desde luego, del placer sexual. No es sorpresa, por ello, que el consumo de pornografía en el varón sea mucho mayor que en la mujer.[2,3,4,5]

---

[2] Carroll, J. S., Busby, D. M., Willoughby, B. J., & Brown, C. C. (2016). The porn gap: Differences in men's and women's pornography patterns in couple relationships. *Journal of Couple & Relationship Therapy, 16*(2), 146-163. doi.org/10.1080/15332691.2016.1238796

[3] Peter, J., & Valkenburg, P. M. (2016). Adolescents and pornography: A review of 20 years of research. *The Journal of Sex Research, 53*(4-5), 509-531. doi.org/10.1080/00224499.2016.1143441

[4] Petersen, J. L., & Hyde, J. S. (2010). A meta-analytic review of research on gender differences. *Psychological Bulletin, 136*(1), 21-38. doi.org/10.1037/a0017504

[5] Stack, S., Wasserman, I., & Kern, R. (2004). Adult social bonds and use of internet pornography. *Social Science Quarterly, 85*(1), 75-88. doi.org/10.1111/j.0038-4941.2004.08501006.x

## Capítulo 8. La fractura ontológica

Me he referido previamente a esta fractura ontológica como una suerte de esquizofrenia o "mente rota" (no en el sentido clínico, sino etimológico), porque es prácticamente imposible para la mujer empatizar con el varón y viceversa al respecto. Desde la perspectiva de ella, que el varón pueda vincularse sexualmente con otra mujer que le es completamente desconocida y que no es de su interés para después decirle a su esposa cuánto la quiere carece de todo sentido y resulta, desde luego, inadmisible.

La mujer no puede comprenderlo porque en ella no existe la fractura presente en el varón que vuelve factible para él vincularse genitalmente con una mujer desconocida y a su vez sentir un profundo afecto por su esposa, la mujer a quien dice amar. Pero lo cierto es que el hombre sí es capaz de desvincular el cariño que siente por su esposa o su pareja del placer sexual que obtiene con otra mujer.

> Se entiende por concupiscencia de la carne a la proclividad o tendencia negativa que tiene el varón a observar a la mujer como objeto, el cual desea poseer para placer propio. Esta proclividad puede ser, desde luego, controlada o matizada por la educación, particularmente por la autorregulación, también llamada virtud de la templanza.

Para la mujer, en cambio, la sexualidad es una expresión del afecto y de la conexión humana, cuestiones imbricadas o

## Capítulo 8. La fractura ontológica

inseparables una de la otra en su naturaleza femenina. Por esta razón, que un hombre sea capaz de separar una cosa de la otra no tiene para ella otro significado más que el de la locura misma, el de una esquizofrenia propia del varón.

Podemos encontrar evidencia de esta fractura incluso en los relatos de Atenas en la Antigua Grecia durante el siglo VIII a. C. como la *Ilíada* o la *Odisea*. Estos son relatos que tienen, por lo menos, tres milenios de existir y que fueron narrándose gracias a la tradición oral hasta que la escritura llegó a Grecia, aproximadamente hace veintiséis o veintisiete siglos. Así, vemos en el relato épico de la *Odisea* cómo el héroe mítico Ulises ordena a sus soldados ser amarrado a un mástil para no caer ante el tentativo canto de las sirenas y así evitar serle infiel a su mujer, Penélope.

Ulises y las sirenas, por Herbert James Draper, 1909

Igualmente, en los textos sagrados y en los grandes libros que contienen las filosofías de los mundos oriental y occidental aparece esta misma realidad: una tendencia por parte del varón a codiciar los placeres corporales. Ello explica, al menos parcialmente, la concepción del nirvana en el budismo, es decir, el estado ideal al que se llega cuando se logra no desear nada, que, visto con ojos occidentales, podría entenderse como una especie de nihilismo, aunque también, desde una perspectiva estoica, como la búsqueda de la virtud para enfrentar la naturaleza desordenada de deseos infinitos que padecemos los seres humanos.

Asimismo, podemos observar en el islam, por ejemplo, la imagen de la mujer cubierta de pies a cabeza con el fin de facilitarle al varón el no desviar su atención hacia el apetito sexual o concupiscencia de la carne. Y, desde luego, en el judeocristianismo, encontramos la importancia de la monogamia y, más aún, en el cristianismo, la imagen de la Sagrada Familia, en la cual se destaca José por su capacidad de vivir en las virtudes de la castidad y el autocontrol. El mensaje no podría ser más claro: la concupiscencia de la carne es el más grande reto contra el que todos los varones debemos luchar, sobre todo cuando se trata del desafío de la fidelidad en el matrimonio.

Recientemente, encontré un interesante libro con el título *A través de los ojos del varón: ayudando a la mujer a entender la naturaleza visual del hombre.*[6] Los autores dedican

---

[6] Feldhahn, Shaunti, & Craig Gross. (2015). *Through a Man's Eyes: Helping Women Understand the Visual Nature of Men*. Multnomah.

el libro completo justamente a explicar la realidad descrita de manera breve en este capítulo.

Lo que ha llamado mi atención es la reacción de sorpresa y asombro en sus lectores; pero, sobre todo, de apertura a entender esta realidad que a la mayoría de las mujeres les resulta esencialmente desconocida, aun en esta tercera década del siglo XXI. Comprender esta debilidad permitiría una resignificación de fenómenos como la infidelidad y también serviría para elevar la prudencia y caridad para con el varón, por ejemplo, en el desarrollo de la virtud del pudor en el vestir.

El señalar que el más grande reto del varón en el matrimonio es el placer carnal no pretende servir como justificación al hecho de que los varones tengamos una mayor tendencia a la infidelidad. De ninguna manera. Todos nosotros somos absoluta y plenamente responsables de nuestros actos. Sin embargo, no podemos ignorar que el varón tiene una profunda proclividad a ver a la mujer como si de un objeto se tratase y no como un sujeto. Por lo tanto, el varón tiende a cosificarla, a despojarla de su personalidad. Como bien menciona el padre Horacio Bojorge:

> En el varón, a consecuencia del pecado original, la sexualidad tiende a recaer en lo instintivo y a disociarse del afecto, eclipsando o interponiéndose en la comunicación espiritual, personal, con la mujer. El varón se queda en el cuerpo y no llega al alma. Su afán posesivo apunta al cuerpo de ella.
>
> Esta herida sexual en el varón, si no se sana, empieza a despersonalizar a la mujer. De modo que el novio ya va al encuentro con su novia obsesionado con el cuerpo de la novia y tiende a perder

progresivamente de vista el alma de la novia, a medida que pierde pie en la lujuria.[7]

El padre Bojorge comparte además algo que es de mucha importancia para todos aquellos que son padres de familia: fomentar en los hijos –en los varones en particular– el autocontrol a través de la disciplina, el deporte y la obediencia. En sus palabras:

> Las mamás no suelen tener en cuenta que ellas pueden hacer mucho en la formación de sus varoncitos desde pequeños. Ellas pueden educar en su niñito [...] el hábito de dominar sus pasiones por un fin superior. Este hábito se extenderá también a la pasión sexual cuando despierte. Pero las mamás no suelen pensar que les corresponda prevenir eso en bien de la felicidad matrimonial futura de su hijo y de su nuera, enseñándole desde niño a ser dueño de sí mismo. La mujer que no supo qué hacer con su novio y con su esposo, porque desconocía la herida del pecado original en él, tampoco sabrá educar a sus hijos varones.[8]

Es necesario formar la virtud del autodominio en los pequeños varones de tal manera que desarrollen mayor actividad en la corteza prefrontal (la parte del cerebro encargada de controlar los impulsos) para que, 20 o 30 años después, si llegan a convertirse en esposos y padres, les sea factible negarse al consumo de la pornografía, las drogas y cualquier otro acto ilícito y esclavizante que atente contra la naturaleza y dignidad de la persona y el matrimonio.

---

[7] Bojorge, H. (2012). *La casa sobre roca*. Montevideo, Uruguay: Lumen.
[8] Ibídem.

Para los varones que estén leyendo el presente texto, es fundamental que nos demos cuenta de que vicios como los mencionados son oponentes ante los cuales hay que salir victoriosos; de lo contrario, desarrollar una adicción a estos volverá nuestra vida en un infierno muy particular, una especie de espiral decadente en la cual cada vez la adicción aumenta y la plenitud disminuye, que acaba con la libertad, la autoestima y la posibilidad misma de ser capaces de elegir el mayor bien posible para nosotros mismos.

Para lograr este dominio, bien lo señalaba Aristóteles, debemos empezar con la prudencia. Esta la definía santo Tomás de Aquino como la virtud que nos permite poner los medios una vez propuesto el fin. Si somos ahora conscientes de que la concupiscencia de la carne es nuestra debilidad más inherente, aquello que nos otorga más probabilidades de vencer esta tentación y vivir la castidad, no solo antes, sino dentro del mismo matrimonio, es justamente el ejercicio de la prudencia, la madre de las virtudes. Hemos de vigilar aquello con lo cual alimentamos los sentidos.

Para dejar las cosas en claro, poco a poco tenemos que cuidar nuestra red social: aquellos amigos que influyen en nuestra toma de decisiones. Nuestra fuerza de voluntad es finita, y querer vencer las tentaciones con base exclusivamente en ella es una batalla perdida a largo plazo, por lo que lo mejor que podemos hacer es forjar buenos hábitos que nos lleven hacia el destino que queremos.[9]

Si, por ejemplo, estamos al tanto de que ciertas amistades nos pueden propiciar asistir a lugares que no son prudentes, lo

---

[9] Duhigg, C. (2012). *The power of habit*. New York, NY: Random House.

mejor es evitarlas a toda costa. Pues si bien es posible que ciertos sitios o imágenes no representen en sí mismos un acto ilícito, activan una serie de reacciones en el cerebro cuyo consumo o concurrencia, dada nuestra proclividad como varones, muy probablemente concluirá en un acto moralmente ilícito (pecado) e, incluso, ilegal. Ahora bien, con el término *pecado* no solo me refiero a este en el contexto de la moral católica; me refiero también a su significado etimológico: error. Caer en tentaciones como la pornografía, el uso de la prostitución y el resto de los vicios que abren paso a la concupiscencia de la carne constituyen entonces un error para acertar en lo que en realidad compone la plenitud.

Concluyo esta primera parte exhortando a los varones a ser fuertes. Ante todo, seamos prudentes. Pongamos los medios una vez propuesto el fin. Si como joven soltero deseas vivir tu sexualidad de una manera verdaderamente plena, debes practicar la prudencia respecto a todo lo que ves y de lo que te rodeas para así poder evitar ser parte de la estadística en un grave tema de salud pública: la adicción a la pornografía. Si ya tienes una vida matrimonial, mereces el mismo consejo, puesto que la tentación, una vez llegada la vida conyugal, no desaparece.

Parafraseando al padre Bojorge, la concupiscencia de la carne es una tentación que se caracteriza por ser un deseo desordenado; no tiene punto de saciedad. De hecho, siempre sucede lo contrario: ese deseo carnal se vuelve cada vez más grande y nos va deslizando hacia una espiral decadente que nos arrebata la libertad.

## La concupiscencia del alma

En el caso de la mujer, su fractura ontológica tiene su vínculo no con la carne, como sucede con el varón, sino con el alma. En ella encontramos el deseo desordenado de poseer el alma del varón y serlo todo para él. Sin embargo, este deseo de control sobre lo incontrolable; de conocer el pasado, el presente y el futuro, así como las emociones de su pareja –las cuales no le corresponde controlar– le provoca un estado de impasibilidad (esto es, una ausencia de paz), una constante neurosis producto de un hueco existencial imposible de cubrir.

La mujer padece entonces su propia especie de esquizofrenia o fractura ontológica, la cual se transmite a través de su incapacidad de cumplir con ese deseo desordenado de afecto de una manera existencialmente satisfactoria. Con el fin de ilustrar claramente a qué me refiero con esto, pondré como ejemplo uno de los casos que recuerdo de mi experiencia clínica. Hace ya unos años, una joven señora me consultaba porque se quejaba de la desvinculación afectiva que experimentaba con su esposo.

Ante la solicitud de mi consejo, le pedí que hiciera metacomunicación con él, es decir, que dialogaran acerca de cómo se comunicaban, y que ella le compartiera a su esposo la importancia que para ella tenía el recibir afecto por parte de él. En la siguiente sesión, la paciente me confesó que no había cumplido con su tarea. ¿El motivo? "Mire, si yo le pido a mi marido que sea afectuoso, y él comienza a ser cariñoso conmigo, no podré evitar pensar que no lo está haciendo porque le nació, sino porque yo le dije que lo hiciera, lo que me dejaría igual de vacía

## Capítulo 8. La fractura ontológica

afectivamente. Pero si no se lo digo, tampoco lo va a hacer." Para la mujer que se encuentra leyendo este libro, la situación es perfectamente comprensible. Sin embargo, para los varones, el caso tiene un tinte de locura, igual que en la sección anterior. Así es la fractura ontológica de la mujer, origen de un deseo desordenado de control que dificulta su vida y la envuelve en conflictos particularmente con otras mujeres, quienes a su vez desean controlar, sobre todo, lo esencialmente incontrolable.

> A la mujer, este deseo de control sobre lo incontrolable; de conocer el pasado, el presente y el futuro, así como las emociones de su pareja –las cuales no le corresponde controlar– le provoca un estado de impasibilidad (esto es, una ausencia de paz), una constante neurosis producto de un hueco existencial imposible de cubrir.

Existe una serie de vínculos afectivos que pueden ser complementarios y, en la mayoría de los casos, funcionales sin demasiado esfuerzo, por así decirlo. Me refiero a los vínculos padre-hijo, padre-hija o madre-hijo. En lo general, aun cuando no es una regla, debemos admitir que, en cambio, la relación madre-hija es un poco más compleja, sobre todo cuando se desborda un elemento de mutuo control.

También la relación con la suegra o madre política está caracterizada en algunos casos por esta potencial complejidad, pues algunas señoras desean inconscientemente controlar el pensamiento, el dinero y los comportamientos de *su hijito* de 50 años, al igual que la pareja de este varón, lo cual genera constantemente episodios de tensión más o menos significativa.

Esta impasibilidad, que deriva en un deseo desordenado de control por parte de la mujer, tiene impactos en ocasiones incalculables. Como psicólogo en el contexto empresarial, me ha tocado, por ejemplo, escuchar decisiones de directivos o de dueños de empresas que se han distorsionado justamente por el deseo desordenado de control por parte de sus esposas. Esto explica también por qué la relación entre amigas, hermanas, compañeras de trabajo o jefa y colaboradora siempre están cargadas de una suerte de conflicto inmanente, caracterizado por la ambivalencia: una especie de amor-odio constante.

Otras de las consecuencias derivadas de esta fractura ontológica femenina son algunos trastornos que estadísticamente se presentan con mayor frecuencia en las mujeres que en los varones, como la anorexia y la bulimia, resultado de querer controlar realidades que salen de la esfera de lo objetivamente controlable, como, por ejemplo, el afecto y amor que otras personas le tengan, el deseo de ocupar el lugar afectivo que tienen los hermanos o hermanas, su grado de atractivo en un contexto específico y un largo etcétera. Ante la imposibilidad de lograrlo, surge en la mujer el deseo desordenado de controlar su realidad interna. Ello la conduce a querer dominar el apetito y la apariencia del cuerpo hasta llegar a niveles distorsionantes. Lo anterior nos lleva a encontrar una espiral decadente en la mujer, paralela a la misma que sufre el hombre en sus propias circunstancias.

## Capítulo 8. La fractura ontológica

Así como aquel varón que carece de fortaleza y da rienda suelta a la concupiscencia de la carne, la mujer que carece de la virtud de la aceptación incondicional de la realidad –y, en última instancia, de la fe en que Dios le ha dado la mejor de las realidades posibles– con ojos de eternidad, da rienda suelta a la concupiscencia del alma, lo que la lleva a estados indeseables como la ansiedad, la neurosis, la soledad, la irascibilidad y la depresión.

Me atrevo a afirmar también que, en gran medida, la tensión emocional de algunas personas involucradas en movimientos como el feminismo radica justamente en este deseo desordenado del alma que, sin una mirada trascendente, se deja engañar por el espejismo del empoderamiento de la mujer, como si eso resolviese la profunda hambre de amor absoluto.

Hace ya unas cuantas décadas, el escritor ruso y premio Nobel Aleksandr Solzhenitsyn plasmó en su obra *Archipiélago Gulag*: "Al negarnos a aceptar un poder inmutable que nos supera, hemos colmado el vacío a golpe de imperativos personales y, súbitamente, nuestra vida se ha vuelto espeluznante". Si bien su afirmación tiene una connotación sociopolítica, la reflexión se aplica perfectamente en la dimensión de la psicología individual que examinamos en este momento. Además, incluyo esta frase porque resulta valiosa a la hora de preparar el terreno necesario para los argumentos de carácter espiritual que expondré a continuación, pues resulta difícil pensar que la causa de la fractura ontológica que nos concierne no sea una del tipo espiritual.

El deseo desordenado de la mujer por el control absoluto, así como su anhelo de ser idolatrada, puede explicarse haciendo una analogía con el relato de Adán y Eva, al menos desde el punto de vista literario. Cabe mencionar que dicha analogía pertenece también al padre Horacio Bojorge y se encuentra en el texto anteriormente citado, por lo que me limito únicamente a desmenuzar el producto de su grandeza intelectual. Para aquellos quienes no compartan la fe judeocristiana, les pido que por un momento suspendan el escepticismo natural con el fin de lograr una mejor apreciación de lo que explicaré enseguida, lo cual, incluso desde una lógica meramente literaria, resulta interesante.

En Adán encontramos al varón por antonomasia a quien le ha sido arrancada una costilla, y su deseo más primitivo, en consecuencia, consiste en poseer esa costilla una vez más. Esta circunstancia explicaría, al menos desde una arista estrictamente literaria, la ansiedad que todo varón experimenta al presenciar la belleza y lo deleitable del cuerpo de la mujer, sea esto legítimo o no. Paralelamente, en Eva existe esa angustia de sentirse nada más que una costilla del varón, y su lucha reside en no querer ser solamente eso, sino en querer ser todo para él. Ahora bien, para quienes tenemos un modo de pensar propio de la modernidad y de la ciencia de los tiempos actuales, realizar esta conexión transdisciplinaria entre la teología dogmática y la psicología transcultural puede requerir de un esfuerzo significativo. Sin embargo, desde la perspectiva de la hermenéutica analógica, mencionar esta reflexión tiene un mérito y un valor incalculables, que la vuelven imposible de ignorar.

## Capítulo 8. La fractura ontológica

Como hemos podido observar, el hambre de amor absoluto, que en la mujer puede derivar en el deseo desordenado de control, de idolatría y de afecto, no puede ser satisfecho de manera absoluta por ningún ser cuya naturaleza sea humana. La mujer tiene un hambre afectiva que es del tamaño de Dios, por lo que intentar saciarla a partir de una relación afectiva (o varias) es, por decir lo menos, ingenua. Sería equivalente a pensar que el varón, al poder encontrar a una mujer cuya belleza sea excepcional, podrá evitar que alguna otra mujer en el presente o en el futuro le parezca atractiva. Simplemente, imposible.

Por esta razón, ella debe desarrollar su vida espiritual para que, de esta manera, se vuelva capaz de aceptar que ese anhelo de perfección, de amor perfecto, solo podrá encontrarlo en Dios. En consecuencia, la mujer tiene también por tarea entender que su pareja, perfectible y finita, no podrá satisfacer ese profundo anhelo por completo. Incluso es necesario entender que, una vez que el enamoramiento haya desaparecido, la gran mayoría de los hombres no se encargará de cumplir con su tarea de dar afecto –aunque sea humana y parcialmente– sin que se les recuerde. Finalmente, para quienes tenemos hijas, es imprescindible formar en ellas el sentido de confianza en Dios. Como padres y madres, hemos de amarlas incondicionalmente, nutriendo en ellas la certeza de que, así como son, con sus fortalezas, debilidades y su belleza inherente a ser hijas de nuestro Señor es más que suficiente para ser amadas, sobre todo por quien ya las amó primero: Dios.

## El matrimonio como sanación de la fractura ontológica

Hombre y mujer sufren cada uno, a su manera, la fractura ontológica que estudiamos en este capítulo. Por desgracia, no hay recurso material o humano alguno que pueda sanar esta herida y sus consecuencias de manera simple y rápida. Ninguno. Solo el matrimonio, "sacramento de sanación de las heridas del pecado original en el varón y la mujer",[10] puede auxiliarnos en la búsqueda por cicatrizar esta fractura de manera definitiva.

La sanación de la herida del pecado original en el varón llega con el matrimonio, pero no la encuentra en el sentido de que se vuelve capaz de satisfacer su deseo de la concupiscencia carnal a través de un vínculo exclusivo con su esposa. El matrimonio es un camino de sanación porque, como varones, una vez que nos volvemos esposos y padres, encontramos que hay algo más allá del propio impulso egocéntrico de satisfacer las pulsiones del placer carnal. El ser esposos, el ser padres, nos abre la posibilidad de vivir verdadera y plenamente la donación al darnos cuenta de que hay algo más importante que nosotros; que nuestro cuerpo y nuestra alma han sido llamados al heroísmo y no al placer egocéntrico, y que incluso se nos ha sembrado el deseo e impulso de la vinculación sexual, también como una semilla de amor abierta a la vida fecunda.

El matrimonio nos sana porque nos abre la posibilidad de amar y ser amados. El ser esposos y padres nos permite saber

---

[10] Bojorge, H. (2012). *Op. cit*.

que también somos testimonio de lucha contra nosotros mismos; que la fidelidad a nuestro compromiso marital marcará para siempre el destino de nuestros hijos. Que la semilla de fascinación por los héroes que tenemos desde chicos sea para nosotros una fuente de inspiración para que nuestros hijos vean en nosotros la vida de un héroe como era definida en la Grecia homérica: "Un héroe es una persona cuya vida es digna de ser contada".

En el caso de la mujer, el matrimonio le proporciona la estructura adecuada para encontrar el camino de sanación al forjar en ella el hábito que, desde una perspectiva histórico-literaria –independientemente de que seamos católicos o no–, se encuentra en ese fíat de María: "He aquí la esclava del Señor. Hágase en mí según tu palabra".

En esas palabras se encierra no solo la puerta de la salvación desde una perspectiva judeocristiana, particularmente católica, sino también la sanación de la fractura ontológica femenina. Aquella mujer capaz de evitar usurpar las funciones de la Divina Providencia; la mujer capaz de decir: "Señor, te entrego mi alma, te entrego a mi esposo, te entrego a mis hijos, te entrego todo lo que no puedo controlar"; que sea capaz de ver en su esposo ese rostro de Dios que la cubre y la protege; que sea capaz de entender que ningún varón podrá satisfacer su profunda hambre de afecto y de amor absoluto, y que solo Dios la puede cubrir y, por ende, se abandona a eso, esa mujer encontrará el camino de la sanación y la auténtica plenitud humana. Bien decía el papa Benedicto XVI en su encíclica *Deus Caritas Est*: "En los santos es evidente que, quien va a Dios, no se aleja de los hombres, sino que se hace realmente cercano a ellos. En nadie lo vemos mejor que en María […] expresión de aquel amor puro que no se busca a sí mismo, sino que sencillamente quiere el bien".

Luchar por nuestro matrimonio es enfrentar muchas batallas, pero la más difícil es justamente la de encarar cotidianamente nuestros deseos desordenados de placer corporal y emocional. Esto ha llevado incluso a encontrar en la cultura popular ideas por demás ciertas tales como "el hombre finge amor para obtener placer y la mujer finge placer para obtener amor". Con una visión trascendente, como leeremos en el capítulo 10, podemos autotrascendernos para aprender verdaderamente a amar.

## Sobre la posibilidad de resolver la fractura ontológica desde la laicidad

Tal vez llame la atención que alguien formado en las disciplinas de la psicología y la filosofía aborde en términos teológicos los temas ya discutidos. Debo decir, sin embargo, que no encuentro otra forma de resolver este fenómeno de manera satisfactoria, ni siquiera teóricamente. No encuentro la solución a este problema en los argumentos antropológicos típicos de la sociología del siglo XX, los cuales nos presentan el matrimonio como una relación de poder –muy al estilo de Foucault– o como una relación artificial, tal como nos lo plantea la antropología cultural, hasta llegar a afirmar que la idea de la monogamia es simplemente un constructo de la cultura occidental y que, como seres únicamente biopsicosociales (es decir, sin la dimensión espiritual) tenemos entonces más parecido con los animales, en los cuales la idea de la monogamia está ausente y solo existe el impulso de la continuidad de la especie.

Sin las miradas teológica y espiritual, vinculadas a las interrogantes más esencialmente humanas: *¿quién soy?, ¿de dónde vengo?, ¿a dónde voy? y ¿cuál es el sentido último de la existencia?*; sin la aceptación y premisa de que somos seres para la eternidad, resulta muy complejo encontrar una teoría suficientemente sólida para explicar el origen y la solución a esta dramática realidad humana universal que hemos denominado fractura ontológica.

Así que ante esta impasibilidad del corazón de la mujer y del cuerpo en el varón, ¿qué puede hacerse? Creo firmemente que, sin la mirada trascendente, todo indica que no queda más que aceptar que los "hombres somos así" y "las mujeres son así", con un dejo de profundo nihilismo y desesperanza. Pero algo nos hace pensar y sentir una especie de necesidad de amor exclusivo, de amor esperanzado, de amor cierto.

Por ello, más aún en nuestra época, necesitamos elevar la mirada hacia Dios para entender ahora, con la conciencia de la existencia de la fractura ontológica, por qué se puede afirmar que la ética sexual cristiana no radica en un conjunto de prohibiciones que impiden dar rienda suelta a nuestros impulsos, sino en la más profunda afirmación de qué es realmente vivir nuestra sexualidad con toda plenitud.

## Ideas para reflexionar y poner en práctica

*Hombre*

a) ¡Sé prudente! Sabiendo que todos los hombres de la historia padecemos de la misma debilidad, no confíes en tu fortaleza, sino, antes que nada, en la prudencia para evitar entrar en situaciones de las que después sea muy difícil salir.

b) Intégrate a algún grupo social o de amistad que te permita encontrar eco en la búsqueda de la castidad; es sumamente difícil si te encuentras en un entorno que no valore esta virtud e incluso la desprecie. Recuerda que en lo público podemos mofarnos de la castidad, pero en el fondo la anhelamos y admiramos.

c) Mantente ocupado en el ejercicio físico e intelectual. Que siempre tu cerebro tenga una fuente de placer que no sea el vicio, sino aquello que te construye como mejor persona.

*Mujer*

a) ¡Acepta! Acepta la realidad tal como es. Es bellísima. Está hecha para ti y tu salvación y, por tanto, para tu auténtica felicidad.

b) Apoya a tu esposo incondicionalmente en las crisis y en la bonanza de salud o financiera; el mayor bien que puedes hacerle es entregar tu incertidumbre a Dios y tu confianza incondicional a tu esposo.

c) Rodéate de amigas que tengan un discurso que construya relaciones positivas con los demás y no solo se fundamente en la crítica a los otros.

# Capítulo 9. La respuesta inadecuada ante el mal

*Él lo sabía bien… ¡el que me la hace me la paga!*

Karla, 39 años

*Basta tan solo una mentira para poner en duda todas las verdades.*

Arlette, 43 años

Cuando menciono la respuesta inadecuada ante el mal, me refiero, esencialmente, al origen de cualquier discusión que pueda existir en una relación de pareja. En palabras de uno de mis maestros, el distinguido psicólogo mexicano, Dr. Eduardo Almeida Acosta, "la mayoría de los problemas de pareja empiezan por cualquier tontería".

¿Qué sucede cuando las ofensas surgen en nuestra relación de pareja? La dinámica de la ofensa es difícil de analizar, puesto que cada situación goza de extrema particularidad; sin embargo, al hablar en general del fenómeno de una ofensa entre seres humanos, basta decir que nos encontramos ante una situación siempre lamentable: si bien las personas involucradas estaban en condiciones de igualdad, la falta llega a irrumpir dicho estado. Tras la falta, uno se convierte en ofensor, y el otro, en víctima, y así las partes pierden su posición igualitaria.

Uno se percibe como víctima al encontrarse en una situación de desvalorización; a través de la falta, la víctima reconoce que se le ha faltado al respeto y que su dignidad ha sido despreciada.

En este sentido, la víctima se encuentra en una encrucijada: se sabe ofendida por alguien y ahora tiene que contestar a su ofensor. Sea como sea, está inexorablemente obligada a hacerlo. Incluso ignorar o no responder es, ciertamente, una respuesta. La persona ofendida tiene así la posibilidad de contestar a través de la indiferencia, el resentimiento, la venganza y, desde luego, del perdón. Independientemente del camino que elija tomar, la víctima tiene que trabajar con la dolorosa realidad de saberse ofendida, y está en ella la completa libertad de responder a su ofensor como mejor lo considere.

## Capítulo 9. La respuesta inadecuada ante el mal

Tomando en cuenta lo lacerante que puede resultar una ofensa, el objetivo de este capítulo es el de plantear un sencillo secreto con el cual se consigue lograr algo que parece muy atípico: la paz permanente en una relación de pareja. Esto no implica la ausencia de desafíos, pero sí puedo asegurar que, si llevas a cabo la idea que a continuación explicaré, es perfectamente posible lograr una vida en pareja o en familia en donde reine esencialmente la paz y la armonía. Este sin duda es un gran regalo en una relación de pareja, máxime cuando el tiempo ha pasado y el enamoramiento es solo un buen recuerdo.

Es un tesoro para la propia historia de vida poder mirar atrás sin tener rencores fruto de recuerdos ofensivos entre uno y su pareja. Es también, para los hijos, una gran fuente de esperanza y seguridad psicológica el saber que en casa existe un constante ambiente de amor y cordialidad. Este tema es como la higiene: cuando se tiene, no nos damos cuenta, pero cuando no, es muy evidente. Los psicólogos sabemos muy bien cuando un niño vive en un ambiente de hostilidad y ofensa; incluso cuando esta solo sea verbal entre los padres. La distracción, la agresividad, la ansiedad y la tristeza de los chicos son demasiado evidentes en la escuela.

En la medida en la cual una persona provoque heridas psicológicas a través de sus palabras en su relación de pareja, tendrá que compensarlas con estímulos positivos. Esto no resulta tan sencillo, pues es bien sabido que las heridas psicológicas o los estímulos negativos son infinitamente más potentes que los positivos. De hecho, se habla de una proporción de cinco a uno.[1] Pero parece que la situación ni siquiera es proporcional de esa manera. Si mi pareja me descalificara utilizando un sarcasmo y, en consecuencia, me hiriera cuando estoy vulnerable emocionalmente, estoy seguro de que necesitaría mucho más de cinco frases positivas para borrar el impacto neuropsicológico de ese estímulo negativo.

Dado el impacto de las heridas emocionales y la gravedad que estas implican para mantener una relación positiva, quiero plantear una idea que rompe con los mitos más grandes que tenemos acerca de la vida en pareja: nuestra sociedad carga con una visión equivocada de la justicia, una visión equivocada acerca de cómo responder ante una ofensa. Hemos escuchado en muchas ocasiones, incluso desde que somos niños, palabras o frases similares a "no te dejes", "a mí me respetas", o "si te dan un golpe, respóndeles con dos". He escuchado más de una vez a padres de familia diciendo de buena fe cosas a sus hijos como "si algún compañerito tuyo te pega en la escuela y tú no haces nada para defenderte, yo te voy a pegar peor para ver si así aprendes". Quiero aclarar que la idea de este capítulo no es la de meditar sobre la cuestión del *bullying* y cómo responder de manera asertiva al respecto. Más bien, su esencia gira alrededor de la ofensa en el matrimonio.

A manera de ilustración, podrías imaginar que un hombre llega a su casa y le pregunta a su esposa cómo se encuentra. Ante esta pregunta, ella le responde: "No tan bien como tú, eso es claro. ¡Te la pasas en la calle mientras yo tengo que cuidar de

---

[1] Benson, K. (2017). The magic relationship ratio, according to science. *The Gottman Institute.* Recuperado de https://www.gottman.com/blog/the-magic-relationship-ratio-according-science/

## Capítulo 9. La respuesta inadecuada ante el mal

tus hijos, que de pasada salieron igualitos a ti!". En ese momento, ella, con sus palabras y el tono de voz, está lanzando una respuesta en la que, si la filmáramos, podríamos notar la agresividad emitida ante una pregunta que solo pretendía establecer un ritual de convivencia.

A su vez, también podríamos concebir un escenario donde los papeles se invirtieran: cuando el marido cruza el umbral de la puerta principal y su esposa le pregunta: "¿Cómo estás?", él le responde: "Pues ojalá pudiera estar en tus zapatos, sin las presiones que yo tengo. ¡La vida sería más sencilla así, y no como la mía!". En estos casos, hay una objetiva y evidente respuesta inapropiada al estímulo que la originó, que podemos llamar una descalificación, según la teoría psicológica del análisis transaccional, o una desconfirmación, de acuerdo con algunos autores de las teorías de la comunicación.[2]

Responder una ofensa con otra ofensa y otras de las creencias equivocadas acerca de cómo actuar ante el mal nos pueden llevar a perder la oportunidad de tener un matrimonio en donde abunden la paz y la alegría. La idea de "la única forma de combatir al mal es inundándolo de bien" está plasmada desde la filosofía perenne encontrada en Sócrates, san Agustín, santo Tomás de Aquino e, incluso, en filósofos contemporáneos como E. Lévinas y hasta en grandes obras cinematográfico-documentales como *El gran regalo,* de Juan M. Cotelo. Esta propuesta tiene valor en contextos tales como los efectos de las guerrillas en Sudamérica, las confrontaciones entre las tribus hutus y tutsis en África y muchas más en las

---

[2] Watzlawick, P., Beavin Bavelas, J., & Jackson, D. D. (1981). *Teoría de la comunicación humana: Interacciones, patologías y paradojas*. Barcelona: Herder.

que el perdón ha permitido renovar la civilización. Pero si en algún contexto tiene un valor incalculable es en la vida en pareja. Siguiendo a santo Tomás de Aquino: es preferible equivocarse mil veces pensando que el otro tiene buena voluntad cuando no la tenía, que equivocarse una vez en el sentido opuesto. Y más aún en el matrimonio.

No es mi intención hacerte pensar que lo que propongo es simplemente dejar pasar una ofensa de manera ingenua. No, eso no es hacer el bien; al menos, no es tan simple. Cuando ocurren situaciones en la relación de pareja donde alguno de los dos ofende, el mayor bien posible es, simplemente, tener una reacción nula: actuar como si esa ofensa nunca se hubiera hecho. Lo más probable es que la causa de que la otra persona te haya ofendido no sea realmente la de hacerte daño. Es posible que se encuentre en un nivel de estrés alto, que las cosas no le salieron bien ese día o alguna otra situación desfavorable, incluso, de la que puede llegar a ser inconsciente.

La psicología nos ha enseñado que, en general, ese tipo de comportamientos, como dar una descalificación o un estímulo negativo de manera incondicional (es decir, cuando ni siquiera le has hecho algo a tu pareja y aun así te lanza una agresión), reflejan más bien una proyección de un momento de ansiedad o de un exceso de estrés que no tiene que ver contigo, sino con quien te ha ofendido. Por ello, si algún día sucede que te encuentras ante a una ofensa de este tipo, simplemente déjala pasar.

Habrá ocasiones en las que hacer el mayor bien posible a la otra persona significará establecer un límite, pero hacerlo no es lo mismo que contestar con otro mal. Una manera de establecer límites sería, por ejemplo, de este modo: "Escucha, hace unas horas, cuando sentías enojo y contestaste de cierto modo, me pareció que no fue apropiado y que no es digno de nuestra relación llevarnos así. Quiero pedirte, por favor, que tengas más prudencia para no volverlo a hacer". Fijar un límite es también un acto de amor, y el amor nunca puede ir en contra de nuestra dignidad. Si yo digo amar a alguien es porque le procuro el bien, y eso en ocasiones implica establecer límites firmes. Incluso, a veces separarse de una persona puede ser el mayor bien posible. Este puede ser el caso de una relación codependiente, o cuando la integridad física o emocional de alguien está en juego, o bien, el de una relación afectiva ilícita moralmente hablando. En cualquiera de estos casos, un verdadero acto de amor sería establecer límites para lograr de este modo el mayor bien posible de la otra persona y, por lo tanto, el propio. Recordemos que *bonum est integra causa*: lo bueno, si es bueno, lo es integralmente.

Quiero insistir con la idea de que es necesario contestar el mal con el bien porque, de responder de una manera aún más agresiva ante la ofensa, lo único que lograrás será aumentar las tensiones entre tú y tu pareja, lo cual tiene el potencial para

> Fijar un límite es también un acto de amor, y el amor nunca puede ir en contra de nuestra dignidad. Si yo digo amar a alguien es porque le procuro el bien, y eso en ocasiones implica establecer límites firmes.

empezar una batalla psicológica capaz de socavar todo lazo profundo entre ustedes. Ahora bien, si sucede que esta batalla ya no es batalla, sino guerra, es decir, que ya va en curso desde hace tiempo, entonces

> *Bonum est integra causa*: lo bueno, si es bueno, lo es integralmente.

el objetivo terapéutico primordial es detenerla a como dé lugar. ¿Por qué razón? Porque las batallas que se desaten entre ustedes tenderán a escalar en intensidad, dejarán heridas cada vez más profundas y derivarán en situaciones que nunca terminan de buena forma. Estas batallas tienden a minar la energía psicológica que se requiere para vincularnos y crear el lazo de amistad más importante de la vida. Si ya estás en una guerra psicológica, no te preocupes ni siquiera por resolver quién tiene la razón o intentar cualquier otra cosa. Enfócate primero en dejar de pelear. No contestes con un mayor mal a esa ofensa que ya has recibido.

Dice el Evangelio que Jesús nos pide poner la otra mejilla ante el golpe: "Ustedes han oído que se dijo: 'ojo por ojo y diente por diente'. Pero yo les digo: no resistan al malvado. Antes bien, si alguien te golpea en la mejilla derecha, ofrécele también la otra." (Mt 5,38-39). Tristemente, en una época caracterizada por el individualismo, el enfoque en el presente y el emotivismo, parece escandalosamente radical la invitación de Jesús.

> El peor mal no es el que recibimos, sino el que cometemos.

Si aplicamos un poco de fenomenología a esta invitación, es decir, quitarle lo accidental o circunstancial a lo

## Capítulo 9. La respuesta inadecuada ante el mal

esencial de esta exhortación evangélica, podríamos entender que más allá de la idea de poner la otra mejilla, lo esencial radica en no permitir que el mal gane. Es decir, que del corazón del ofendido salga el mal consciente y libre: "el peor mal no es el que recibimos, sino el que cometemos",[3] el que surge de nosotros.

Que el origen del peor mal se encuentre en nosotros mismos es la primera razón para fomentar la idea de responder al mal con el bien. El mal que alguien me dirige nunca es el peor de los males porque desconozco su origen último. No sé con *absoluta certeza* el grado de consciencia y maldad con el que esa ofensa fue ejercida hacia mí. El comentario inadecuado o hasta agresivo que mi pareja me haya hecho no revela en sí mismo el nivel de *maldad consciente* con el que fue formulado.

Sin embargo, si yo pienso algo similar a "a mí no me vas a tratar así", y eso me lleva a contestarle de manera aún más agresiva, entonces mi respuesta sí es el peor de los males, puesto que tuve la oportunidad de evitarla. El único mal que puedo evitar no es el que recibo, sino el que cometo, y por eso es el

> El único mal que puedo evitar no es el que recibo, sino el que cometo, y por eso es el peor de los males, porque el mal triunfa cuando no lo detengo, sino que le permito entrar en mí y, peor aún, salir de mí para agredir a la persona a quien digo amar.

---

[3] Esta aseveración pertenece al filósofo español Miguel García-Baró López de la Universidad Pontificia Comillas en Madrid.

## Capítulo 9. La respuesta inadecuada ante el mal

peor de los males, porque el mal triunfa cuando no lo detengo, sino que le permito entrar en mí y, peor aún, salir de mí para agredir a la persona a quien digo amar.

Para dar mejor fundamento a la idea de que el peor mal reside en nuestras propias acciones, te invito a considerar el siguiente escenario. Imagina que estás en un auditorio rodeado de muchas personas y decides levantarte de tu lugar para despejarte un poco, pero dejas tu celular en tu silla para caminar libremente. De pronto, observas que alguien se acerca a tu lugar, toma tu teléfono y lo guarda en su bolsillo. No lo piensas dos veces antes de dar la media vuelta e ir a reclamarle por su pésima actitud moral, pero alcanzas a notar que él también dejó descuidado su celular en su lugar y, después de un momento de vacilación, te decides a tomarlo. Por el bien del argumento, asumamos que ambos celulares son del mismo modelo y color. Ahora bien, hay quien diría que tú y la otra persona están, a final de cuentas, en un punto de equilibrio. Esto es verdad de algún modo, pero no están en un estado de justicia. Podrá haber un balance desde el punto de vista matemático, pero esto no es así desde una perspectiva ética porque no sabes a ciencia cierta si esa persona tenía la intención de robar tu celular. Incluso, con un 99.99 % de certeza de que la persona tenía ese propósito, resta un 0.01 % de probabilidad de que ese no fuera el caso. Sin embargo, si robas su teléfono, tienes el 100 % de certeza de que esa fue tu intención. Así, el mal que causas es mucho peor que el de la otra

> No sé con *absoluta certeza* el grado de consciencia y maldad con el que esa ofensa fue ejercida hacia mí.

persona, porque el deseo de robarle y alcanzar así un sentido de justicia (ciertamente equivocado) parte de tu conducta plenamente consciente y libre.

Santo Tomás de Aquino solía decir que prefería equivocarse mil veces pensando que alguien tenía buena intención cuando en realidad no la tenía a equivocarse una sola vez pensando todo lo contrario. Si bien su reflexión no tenía un contexto específico, podemos afirmar que es de un valor incalculable, sobre todo en las relaciones de pareja. Pensando en la persona a la que le prometerás tu amor eterno (si es que no lo has hecho ya), tu inclinación hacia la bonhomía o buena voluntad para con la otra persona debería ser muchísimo más radical.

Una segunda razón por la cual vale la pena pensar en la idea de inundar el mal con el bien es porque hacerlo así en la mayoría de las ocasiones conduce a un cese del mal. Cuando ante la ofensa guardas silencio y la dejas pasar, el acto casi siempre deriva en que la otra persona te ofrece su disculpa a las pocas horas de haberte lastimado. Ahora bien, esto no te otorga el derecho de adoptar una actitud de superioridad moral al momento de recibir la ofensa. No se trata de sentirse una mejor persona porque la otra te ha ofendido y tú aguantas las palabras para no ofenderla de vuelta. Actuar de esa forma es entrar en un juego psicológico, y, como ya lo estudiamos, este nunca tiene un desenlace positivo. Pero no es necesario esperar hasta que la otra persona te aborde y te pida disculpas. Tú también puedes aproximarte, momentos después del suceso, y mencionarle de manera asertiva que no te agradó lo que te dijo: "Oye, hace rato probablemente no te diste cuenta, pero eso que me dijiste me impactó de tal manera y no me hizo sentir bien". Generalmente, adoptar esta actitud despertará en la otra persona un sentido de apertura y seguridad psicológica que le ayudará a explicar con tranquilidad y honestidad los motivos de su conducta.

Hay, además, un tercer motivo para adoptar la idea de vencer el mal con el bien y que se conecta, a su vez, con la importancia de la asertividad. Ser asertivo no solamente es perfectamente válido y provechoso –más aún en el contexto de las relaciones de pareja–, sino que es también un acto de amor que ayuda a la otra persona a darse cuenta de algo de lo que aún no se percataba. Pero para lograrlo es necesario tener la intención absoluta de buscar el mayor bien posible para la relación con la pareja, lo que incrementa la consciencia de esa persona sobre algún comportamiento de su parte que le había pasado desapercibido. No se trata de un reclamo, sino de un acto de caridad, de decirle que puedo entender las razones de que haya actuado de esa forma pero que, por el mayor bien de la relación, es necesario evitar que vuelva a suceder. Puedo incluso ofrecerle mi ayuda al respecto: "¿De qué manera puedo ayudarte para que esta circunstancia no se vuelva a suscitar?". Como puedes notar, una pregunta así denota una actitud muy distinta a la de contestar un mal con otro mal. Esa es una lógica destructiva y diametralmente opuesta a la que propongo en estas páginas.

Quien es asertivo es a su vez caritativo. La persona que tiene la virtud de decir con tacto las cosas que piensa, de decir

## Capítulo 9. La respuesta inadecuada ante el mal

> No se trata de un reclamo, sino de un acto de caridad, de decirle que puedo entender las razones de que haya actuado de esa forma pero que, por el mayor bien de la relación, es necesario evitar que vuelva a suceder.

sí cuando es sí y no cuando es no, le entrega a su pareja un valioso obsequio que demuestra el amor que le tiene. Ahora bien, es imprescindible tener en mente que ese acto asertivo en ciertas ocasiones va a implicar dejar pasar algunos errores de la pareja como si nunca hubieran existido. Es a su vez importante analizar en cada momento cuál es el mayor bien posible que podemos hacer ante una agresión. Si tú, querido lector, adoptas esta lógica de contestar el mal con el mayor bien posible, te puedo asegurar que será perfectamente factible vivir décadas de relación de pareja en donde no haya nunca una discusión significativa o un escalamiento de esas agresiones que terminan por deteriorar el vínculo con tu compañero o compañera de vida.

Ahora bien, ¿qué sucede cuando la agresión por parte de la otra persona es constante? Mi experiencia tanto personal como profesional me deja claro que aquella persona que agrede de manera asidua tiene una alta probabilidad de padecer de una ansiedad flotante o, si no hay una razón manifiesta de sus ofensas persistentes, que no esté consciente de su actitud tan arraigada a lo largo del tiempo. Por eso es esencial fomentar la intimidad afectiva, es decir, el diálogo profundo entre mi pareja y yo. El psicólogo Paul Watzlawick decía: "Lo que no se dice se actúa". Si existe algún rencor, resentimiento o alguna emoción similar que se haya experimentado y no se resuelve a través del perdón y la asertividad, la omisión dará paso a un comportamiento inconsciente que va a agredir, descalificar y, por último, herir profundamente a la otra persona, sea ya de manera activa y explícita o pasiva y consistente.

Considerando lo aprendido en el capítulo 2 acerca de la fragilidad en la relación de pareja y que por ello es la que más tenemos que proteger, es preciso cuidar del vínculo afectivo, evitando las agresiones a toda costa. Por fortuna, eso es algo que siempre está en nuestras manos. En otras palabras, yo no controlo el comportamiento de mi pareja. ¡Con dificultad controlo el propio! Pero puedo esforzarme por practicar la templanza y desarrollar así una serenidad que ni la más grande tempestad pueda mover de lugar. Siempre está en mis manos el poder evitar el escalamiento de un conflicto o un momento de agresividad, lo cual resulta muy liberador, puesto que esta manera de pensar deriva en que el mal tiene solo potencial, no garantía.

La idea de "quien me la hace me la paga" es una creencia más por deshacer en la vida en pareja. Más bien habría que pensar "a quien me la hace le procuro el bien". Ello puede significar, en la mayoría de las veces, un sencillo dejar pasar, aunque también puede implicar ser asertivo, poner límites, tomar distancia, pedir ayuda, hasta solicitar abogados, pero no como un acto de escalamiento de la guerra, sino con la auténtica convicción de que es el mayor de los bienes posibles.

Capítulo 9. La respuesta inadecuada ante el mal

## Ideas para reflexionar y poner en práctica

a) Si tú has ofendido a tu pareja (o a otra persona), es un buen momento para experimentar decididamente el arrepentimiento, esto es:

1. Aceptar la plena responsabilidad de tus actos, sin culpar a nadie más que a tu propia decisión, aunque desde luego existan circunstancias que te hayan orillado a cometer el acto ofensivo; pero, en esencia, eres plenamente responsable de él.
2. Aceptar y hacerte cargo del impacto que la ofensa tuvo en tu pareja.
3. Poner los medios para no cometer nuevamente el mismo error. ¿De qué o de quién necesitas desprenderte para asegurar al máximo que no vuelvas a cometer un acto ofensivo?
4. Experimentar la misericordia de Dios en el sacramento de la reconciliación, la cual, dicho sea de paso, justamente sigue la misma lógica de arrepentimiento; por ello, no basta el remordimiento o sentirnos culpables, sino asumir plena responsabilidad de nuestros actos, hacernos cargo de sus efectos y estar dispuestos a pagar las consecuencias de sus impactos. En ocasiones, uno de estos efectos es el enojo de la otra persona por mucho tiempo. Estar verdaderamente arrepentido es aceptarlo incondicionalmente.

b) Si alguien te ha ofendido, particularmente tu pareja:

1. En primera instancia, conviene acelerar el proceso de hacerte consciente de que de una u otra forma has contribuido, ya sea muy poco o mucho, en el tema. Es difícil reconocerlo, pero la realidad es que todo conflicto humano es un sistema. Es decir, la conducta del otro también está impactada por la mía. Con esto NO quiero decir que tú seas responsable, ni siquiera corresponsable. Solo digo que vale la pena pensar de qué manera tú pudiste haber facilitado la falta o contribuido a que se suscitara.

2. En segunda instancia, conviene recordar que la mejor respuesta nunca será planear una venganza ni aquella que venga de una emocionalidad plagada de rencor. Como lo hemos leído en este capítulo, si así lo hicieras, el mal habría realmente ganado, porque habría salido de un corazón consciente del mal que lo habría elegido libremente.

3. Conviene que en el momento correcto, tu ofensor sepa contundentemente todo el impacto que tuvo su ofensa. Idealmente, díselo de manera descriptiva, sin hacerle un juicio. No es lo mismo decir: "Tú me arruinaste la vida" que decir: "El impacto que tuvo tu decisión fue...". No solo es una cuestión de usar distintas palabras, sino de comunicar la posibilidad de reconciliación si es que el otro está arrepentido. En cambio, enjuiciar al otro solo

lo encierra y lo aleja de la posibilidad de experimentar un corazón contrito o arrepentido.
4. ¡Perdona! ¡Setenta veces siete! Para llenar tu corazón de motivos para hacerlo, te recomiendo leer, escuchar y ver programas que te inciten a practicar el perdón. Afortunadamente, en esta era informática, inundar tu mente de historias de perdón y reconciliación se puede conseguir en un par de segundos en cualquier dispositivo. Recomiendo muy especialmente la obra del gran Juan Manuel Cotelo, que puedes encontrar fácilmente. Su película lleva por nombre *El mayor regalo*.
5. Recuerda por último que "no juzguen a los demás y no serán juzgados ustedes. Porque de la misma manera que ustedes juzguen, así serán juzgados, y la misma medida que ustedes usen para los demás, será usada para ustedes" (Mt. 7,1-2).

# Capítulo 10. Amor y fe

*El matrimonio es la cruz que hay que cargar y aguantar.*

Dolores, 81 años

*Qué suerte tuve de poder encontrarme al hombre de mis sueños; solo queda ser feliz.*

Isabel, 32 años

*Casarme es una opción que no tengo considerada en mi plan de vida.*

Julián, 24 años

Ahora que hemos llegado al final de este camino, quiero compartir contigo el mayor fundamento de un matrimonio pleno. Este último capítulo gira en torno a responder una pregunta que a simple vista podría parecer sencilla, y tal vez hasta innecesaria; pero, si reparas en ella, te darás cuenta de que su complejidad filosófica es significativa: ¿para qué te casas? Es tal vez la pregunta cuya respuesta determina más que cualquier otra la clase de relación que llevarás a lo largo de la vida. El *para qué* determinará la mirada con la cual te vincules en las buenas y en las malas, y esa mirada, es decir, lo que representa en última instancia tu unión, será la que defina en cada instante la calidad del vínculo.

Este último capítulo aborda, en primer lugar, una breve explicación del significado de la pregunta *¿para qué?*, para después entrar de lleno a estudiar en qué consisten las tres categorías de respuestas existentes ante la pregunta *¿para qué te casas?* y finaliza con las consecuencias positivas de contar con una respuesta trascendental al fin último del matrimonio.

## ¿Para qué?

La rama de la filosofía que estudia el fin último de las cosas, es decir, el *para qué* de algo, es llamada teleología, cuya raíz proviene de τέλος (*télos*: fin) y λογία (*logía*: discurso, tratado o ciencia).[1] Cuando nos preguntamos el porqué de algo, estamos preguntando por el origen de ese algo. En cambio,

---

[1] Real Academia Española. (2014). Teleología. *Diccionario de la lengua española*. Madrid: Espasa. Recuperado de https://dle.rae.es/teleología

Capítulo 10. Amor y fe

cuando preguntamos el para qué de algo, estamos preguntando por su finalidad. Con esta aclaración en mente, si hiciéramos el experimento de preguntarle a alguien que se va a casar para qué se casa, muy probablemente nos contestaría respondiendo con el *porqué* y no con el *para qué*. Ignorar el fin último del matrimonio es arrojarnos al sin sentido, razón última por la cual una pareja alcanza su propia desintegración.

## ¿Para qué te casas? Tres tipos de respuestas[2]

A lo largo de mi experiencia personal y profesional, al preguntarles a las personas sobre lo que para ellas es el fin último del matrimonio, he encontrado tres grandes tipos de respuestas. El primer tipo refiere a las respuestas ingenuas; el segundo, a las pesimistas; y el tercero, a las respuestas relacionadas con nociones trascendentes. Me atrevo a intuir que actualmente en Hispanoamérica –incluyendo la presencia hispana en los Estados Unidos– más del 95 % de las respuestas a la pregunta *¿para qué te casas?* por parte de personas

> El primer tipo refiere a las respuestas ingenuas; el segundo, a las pesimistas; y el tercero, a las respuestas relacionadas con nociones trascendentes.

---

[2] Distinto a un *¿por qué te casas?* Esta diferencia es importante, puesto que preguntarse por qué en relación con el matrimonio puede ser contestado a través de intenciones utilitarias, como escapar de un pasado, posicionarse socioeconómicamente, no quedarse solo o no ser criticado por estar soltero a cierta edad, etc.

a punto de contraer matrimonio tienden a caer en el primer grupo.

| *Ingenuas (razones insuficientes para sostener el matrimonio)* | *Pesimistas (razones para no comprometerse)* | *Trascendentes (matrimonio como alianza para un destino de trascendencia)* |
|---|---|---|
| - Tautológicas (afirman que el fin del matrimonio es el matrimonio mismo, la familia).<br>- Basadas en una visión de un horizonte temporal y cambiante.<br>- Para disfrutar de un enamoramiento permanente.<br>- Para tener hijos.<br>- Para ser felices.<br>- Para cumplir con una expectativa o rol social. | - Antes implicaban una visión no libre del matrimonio, impuesta por el contexto familiar-social. "El matrimonio es la cruz que hay que cargar".<br>- Ahora implican cohabitación o concubinato sin el rito ni civil ni religioso. "Primero probemos a ver si funciona o si somos compatibles." | - Asumen una perspectiva de alianza para llegar a un destino eterno, trascendente y religante con Dios.<br>- Presuponen una fe cultivada.<br>- Asumen el matrimonio no como un fin, sino como un medio de perfeccionamiento, como una alianza sagrada. |

## Capítulo 10. Amor y fe

Las personas que contestan a la misma pregunta con un tipo de respuesta pesimista son, en nuestros tiempos, quienes evitan el matrimonio como tal, aunque no necesariamente el disfrute de la relación de pareja. Esto era diferente un par de generaciones atrás, cuando a pesar de no tener una visión optimista del matrimonio, la presión social y las expectativas sociales generaban una motivación –ciertamente extrínseca– suficiente para formalizar una relación de pareja ya fuese civil o religiosamente.

En cuanto a las personas que sí tienen una visión trascendental del matrimonio, diría que, por desgracia, dada la secularización de la sociedad en la que vivimos, solo comprenderán el 5 % o menos de la población. Con todo esto en mente, pasemos entonces a examinar las distintas clases de respuestas ingenuas.

### Respuestas ingenuas

La respuesta más ingenua que una persona podría dar es la tautológica, es decir, una que responde con la misma pregunta. Cuando a un niño se le pregunta "¿para qué subes las escaleras?" y contesta con un "para llegar arriba", está emitiendo una respuesta tautológica. Del mismo modo, si a la pregunta *¿para qué te vas a casar?*, una persona responde con "para formar una familia", su respuesta es entonces tautológica, pues casarse es, en sí mismo, formar una familia, una célula social. Incluso, haciendo referencia al capítulo 2 sobre las catexias, añado aquí que la pareja es la verdadera base de la sociedad y no la familia, puesto que los hijos habrán de formar sus propias células con sus propias parejas.

Una segunda clase de respuesta ingenua a esta pregunta es la de "para compartir o alcanzar una visión o unas metas en común". Una respuesta tal podría incluso caer en la categoría de cursi, es decir, algo que aparenta ser bello pero que termina siendo ridículo. Así, las respuestas cursis tienen su supuesto fundamento en una visión compartida que une a la pareja, pero se trata de una visión casi siempre superficial e irrelevante que, conforme pasen los años, será insuficiente para sostener el matrimonio. Piensa, por ejemplo, en los matrimonios que tienen la visión de abrir una empresa juntos. Sin duda, hay parejas que han logrado alcanzar metas como esta y llevado su compañía a algo grande. Pero te advertiré que, aun con ambiciosos sueños como estos, los cimientos que proporcionan al matrimonio no son lo suficientemente trascendentes para protegerlo del desgaste propio de la convivencia cotidiana.

La principal razón por la que la visión cursi del matrimonio tiene severas dificultades para funcionar es porque, como lo vimos en el capítulo 3, hay seis niveles con los cuales podemos interactuar con la realidad, y el plantearse que lo que vincule a una pareja sea una visión compartida del entorno es el equivalente a construir una casa sobre la arena en lugar de sobre la roca. El que hoy, a nuestros veintitantos o treinta y tantos años, tengamos una determinada visión acerca del futuro es apostarle a que nos seguirá gustando e importando lo mismo dentro de cuarenta años, a que el mundo no cambiará.

### Capítulo 10. Amor y fe

Esa visión es tan volátil como el mismo entorno en el que vivimos. Ciertamente nadie esperaba los acontecimientos del 2020, y, con las circunstancias actuales, resulta imposible saber lo que los próximos años depararán al mundo.

Sin embargo, el factor más crítico a este respecto es que nuestros objetivos y deseos son esencialmente resultado de un aprendizaje mimético (y lo son mucho más de lo que imaginamos); aprendemos a desear y a desarrollar nuestros gustos a partir de lo que observamos en las personas que nos rodean.[3] Por eso, en nuestros días, las empresas han empezado a contratar *influencers* que promocionen sus productos y servicios, ya que las organizaciones comprenden a la perfección que las personas aprenden a desear incluso lo que no necesitan. Tomando en cuenta esto, si como pareja deseamos algo el día de hoy, la posibilidad de que sigamos anhelando lo mismo en treinta años es prácticamente inexistente. Nuestros deseos son mucho más volátiles de lo que suponemos. Por ejemplo, las personas que por algún motivo cambian su entorno –ya sea que se hayan mudado a otro país, ciudad, o que simplemente hayan empezado a vincularse con otro círculo social– experimentan una serie de nuevos deseos formados por nuevas referencias, que pone a prueba hasta el más arraigado gusto que las personas podamos tener. Si fundamentamos una visión a partir de deseos o *sueños compartidos,* su volatilidad es inminente.

La tercera clase de respuesta ingenua corresponde a la idea del enamoramiento permanente. Es la idea de que, por estar tan enamorados y ser tan compatibles los novios, su matrimonio va a perdurar. A estas alturas, está claro que esta idea ha

---

[3] Girard, R. (2000). *Veo a Satán caer como el relámpago*. Anagrama.

sido demostrada como biológicamente imposible, pero la verdad es que he escuchado hasta a personas mayores dar consejos a sus hijos casaderos que se basan, esencialmente, en "estar muy enamorados" con el fin de que el matrimonio pueda durar muchos años. Como ya lo hemos visto en capítulos previos, esta idea no podría estar más alejada de la realidad, porque ningún enamoramiento dura más de unos meses.

> Como habitualmente ocurre con los sesgos o *bias* que solemos tener los seres humanos, a pesar de experimentar fracasos, rara vez nos damos cuenta de que dichos fracasos obedecen a la forma en la que concebimos la realidad, y los atribuimos más fácilmente a causas externas.

Como habitualmente ocurre con los sesgos o *bias* que solemos tener los seres humanos, a pesar de experimentar fracasos, rara vez nos damos cuenta de que dichos fracasos obedecen a la forma en la que concebimos la realidad, y los atribuimos más fácilmente a causas externas. Tan es así, que apuesto a que, si entrevistásemos a 100 personas de 70 años que hayan fracasado en su matrimonio, menos del 5 % concluiría algo como "cuando nos casamos, no entendíamos realmente qué era el amor y cuáles eran los criterios para tomar una buena decisión". Creo que la mayoría contestaría cosas como "es que mi pareja era muy neurótica" o "me fue infiel" o "la relación se volvió imposible" o cualquier otra historia que nos solemos contar en lugar de hacer un análisis metacognitivo (es decir, *pensar* sobre cómo pensamos) o autocrítico.

A veces las personas comparten una cuarta clase de respuesta ingenua a la pregunta sobre el fin del matrimonio: "nos casamos para tener hijos". Ahora bien, tristemente, la decisión de tener hijos se encuentra cada vez más en desuso en nuestra cultura, una que no privilegia la apertura a la vida. A pesar de ello, la idea de que los hijos pueden mantener unido el matrimonio todavía existe. Incluso, hay gente que afronta problemas fuertes desde el comienzo de su vida matrimonial e, ingenuamente, cree que al tener hijos esos problemas desaparecerán. Nada más alejado de la realidad. Los hijos, al menos desde el punto de vista neuropsicológico, generan un elemento de ruptura en la relación de pareja. La energía que consume el dar vida, sea esta productiva, psicológica o física, como amamantar al bebé y asegurar su bienestar físico y emocional, es tan desgastante que tiene el potencial de minar significativamente el vínculo conyugal. En otras palabras, la amistad en el matrimonio se puede ver negativamente impactada por el cuidado de los hijos. He ahí la necesidad de que, si ya vives la experiencia del matrimonio y tienes hijos, te esfuerces por guardar al menos un poco de tu mejor energía para mantener la intimidad afectiva con tu pareja, procurando un diálogo fecundo y profundo que facilite compartir los sentimientos, los miedos, las alegrías, las vulnerabilidades y el reconocimiento mutuo.

Las personas también suelen pensar que el fin de contraer matrimonio es ser felices. Esta es la quinta clase de respuesta a la pregunta que nos interesa. En cierta ocasión, en México, fui invitado a dar una charla para jóvenes que estaban en pláticas prematrimoniales. La cantidad de asistentes era inmensa, y cuando les pedí que levantaran la mano si planeaban casarse para alcanzar así la felicidad, todos lo hicieron. Ante esto, no pude evitar ser honesto con ellos y decirles: "¡Entonces no se casen; tremendo susto se van a llevar!". Mi respuesta podrá sonar pesimista, pero quienes ya viven el matrimonio sabrán de qué estoy hablando. Una respuesta así no podría ser más realista. Quien se casa para ser feliz y llenar de esta manera el hambre afectiva que tiene se encontrará con que la persona con quien contrajo nupcias nunca será suficiente para satisfacer sus anhelos. Como ya lo vimos en el capítulo 8, si eres mujer, encontrar en cualquier varón esa satisfacción absoluta a tu hambre de afecto nunca será posible. Si eres varón, aunque te cases con la mujer más atractiva que conozcas, te llevarás la sorpresa de una insatisfacción física que no tiene remedio alguno, y al cabo de unos meses te parecerá atractiva cualquier otra mujer, sobre todo si es más joven. Ambos casos son el resultado de dejarse llevar por la maravilla traicionera del enamoramiento. La decepción será aún peor para aquella persona que pretenda casarse con la intención de encontrar una salida a los problemas emocionales que ya cargue consigo, pues no solamente no los va a resolver, sino que los arrastrará hacia la complejidad de la vida en común.

Una sexta respuesta ingenua a la cuestión del fin del matrimonio es la de pensar que es, simplemente, la siguiente etapa de la vida en pareja. Se piensa que al casarse se cumple con la expectativa de "es lo que sigue", como si de un tema de lógica se tratase. Esto suele suceder con parejas con muchos

## Capítulo 10. Amor y fe

años de noviazgo, cuya relación casi siempre se vuelve de amasiato –un hombre y una mujer que viven como si estuvieran casados pero que no lo están– en la que tienen una vida sexual activa, así como un reconocimiento por parte de las familias como si ya fueran marido y mujer. En estas condiciones, es fácil caer en la trampa de pensar que el matrimonio es simplemente la siguiente etapa en la relación.

Como te puedes dar cuenta, querido lector, estas distintas respuestas ingenuas por desgracia son más comunes de lo que uno quisiera. Más triste aún es que pocas personas logran salir de estos patrones equivocados de pensamiento sobre el matrimonio, al menos uno que dure hasta que la muerte separe a la pareja.

### Respuestas pesimistas

Continuemos ahora con las respuestas pesimistas. Cuando hablo de pesimismo me refiero a una visión negativa o fatalista acerca del matrimonio usualmente aprendida por el círculo social que nos rodea, así como por nuestra propia familia y con la cual se asume que casarse no tiene sentido alguno. Ahora bien, es claro que quienes tienen una postura pesimista lógicamente no contestarían a la pregunta de para qué casarse. Pero en cuanto a la finalidad última del matrimonio, sin duda existen las personas que no pueden sino responder de manera claramente pesimista.

Para quienes ven de color negro la idea de postrarse ante el altar, su postura puede derivar en todo tipo de conductas comunes, pero me enfocaré únicamente en dos de ellas. La primera es la más conocida de ambas: la cohabitación. Este término refleja sin muchas discrepancias lo que pasa en la cultura norteamericana y que tristemente muchos hispanoamericanos adoptan como si fuera normal. Me refiero a la costumbre de irse a vivir con el novio o la novia desde el *college* y mantener una relación libre de compromisos, ni legales y mucho menos espirituales. De acuerdo con el Pew Research Center, en 2019 el 74 % de los católicos consideraban aceptable este comportamiento, el cual contradice de manera evidente uno de los fundamentos más esenciales no solo del catecismo de la Iglesia católica, sino de una tradición milenaria en el judeocristianismo. En estos casos, la frase más sonada es "lo que importa es que yo quiero estar contigo", la cual permite advertir que lo que hay detrás de ese *yo quiero* es justamente eso, una fuerza tan débil como un *yo quiero*, pues está dinamizada únicamente por un deseo y no por un compromiso, fruto de una decisión abierta al sacrificio.

La segunda postura pesimista es la cínica, y consiste en que la pareja ya ni siquiera asume la idea de vivir juntos de manera más o menos formal, sino que simplemente piensa que el día de hoy existe el anhelo de estar juntos y, el día de mañana, las cosas pueden ser diferentes. Tal manera de pensar es de sumo nihilista, y la encontramos en aquellas personas tan ensimismadas que lo único que buscan, independientemente de su edad, es pasarla bien todas las noches. Ahora bien, habrá quien diga algo como "esto del matrimonio no es para mí. Yo me aburriría rápidamente, y por eso no queda más que disfrutar del momento. Podrá sonar duro, pero la verdad duele". Estas palabras no son un reflejo de honestidad, sino de cinismo.

Capítulo 10. Amor y fe

Quien es honesto busca el bien y la dignidad de la persona más allá de que ella esté de acuerdo o no. Por desgracia, en el siglo XXI, la visión de que el matrimonio es parte del orden natural de las cosas es cada vez más escasa. Buena parte de los *millennials*, *centennials* y la generación que les sigue no pueden ver en el matrimonio más que un estilo de vida –bastante inconveniente, por supuesto–, lo cual, es, por lo menos, triste.

Respuestas trascendentes

Primeramente, toma en cuenta que el significado filosófico de la palabra *trascendencia* se refiere a aquello que está más allá de los límites naturales, por lo que es posible pensar que la trascendencia consiste en dejar huella, en construir un legado que evidencie nuestro paso y nuestros logros en este mundo. En cierto sentido, este modo de pensar puede identificarse como trascendente, pero no en el sentido que quiero plantearlo.

El sentido con el que quiero hablar acerca de la trascendencia es el de seguir existiendo a pesar de la muerte. Asumo que tú, querido lector, tienes una visión compartida basada en la fe judeocristiana, con la cual asumimos que la muerte no tiene la última palabra; que el alma sigue existiendo a pesar de la suspensión de los mecanismos anabólicos y la aceleración de los procesos catabólicos, es decir, cuando las células de nuestro cuerpo dejan de reproducirse y empiezan a morir de una manera más rápida hasta el punto en el cual el cerebro deja de funcionar, y la muerte nos alcanza.

Desde el punto de vista científico, hasta el momento no hay evidencia alguna de que la muerte cerebral sea sinónimo de la muerte del yo. La ciencia neurobiológica no ha podido asegurar que el yo inmaterial y consciente que nos identifica como personas se encuentre en alguna región del cerebro. Las evidencias apuntan más bien a lo contrario: a pesar de que una persona padezca de amnesia, que tenga un daño en la corteza frontal o en las áreas del lenguaje, por mencionar unos ejemplos, mantendrá ese sentido del yo.

Habrá más de uno que, no satisfecho con mi explicación, señale que estoy tratando de construir mi planteamiento a partir de la fe y que nuestro sentido de identidad sí desaparece al morir. Para quien piense de este modo, mi respuesta es que asumir lo contrario, es decir, que la muerte implica la aniquilación del yo, también es un acto de fe. No hay manera de comprobarlo.

No pretendo aquí profundizar sobre la posibilidad de que haya vida después de la muerte. Si tienes la intención de indagar más en el tema, te encontrarás con que hay diversos autores que han reflexionado mucho al respecto y que han examinado la incógnita de la inmortalidad del alma humana desde una perspectiva tanto científica como filosófica y, por supuesto, teológica.[4,5]

Al hablar de trascendencia me refiero entonces a la inmortalidad del alma humana, y si ligamos esta concepción con la pregunta *¿para qué casarnos?*, la respuesta asume, en consecuencia, una visión de fe con la cual concebimos que el fin último del matrimonio consiste en lograr entrar al Reino de los

---

[4] Alexander, E. (2013). *La prueba del cielo: El viaje de un neurocirujano a la vida después de la vida*. Zenith.
[5] Collins, F. (2007). *¿Cómo habla Dios?: La evidencia científica de la fe*. Planeta.

### Capítulo 10. Amor y fe

Cielos gracias a una labor conjunta entre mi pareja y yo. Esta visión trascendental no es solo propia del cristianismo; otros sistemas de pensamiento orientales, como el hinduismo, asumen la idea de la reencarnación como la última etapa de la persona, con la cual se abre paso a una mayor disposición al sacrificio en el presente al honrar y buscar el mayor bien del cónyuge con el fin de alcanzar esa promesa en la siguiente vida.

En la tradición judeocristiana –desde la que respetuosamente escribo estas líneas, particularmente desde la fe católica–, no se trata de la reencarnación, sino de la resurrección. Así, la persona que habrá de casarse bajo la bendición de la Iglesia y bajo la unión que genera el sacramento del matrimonio debería tener claro que el fin último por el cual se desposa con su pareja es porque encuentra en ella a la mejor persona posible para crecer en santidad, para crecer en virtudes y para ayudarse mutuamente a alcanzar, en último término, el conocimiento y la posesión de Dios. En el catecismo de la Iglesia católica, esto es mejor conocido como el Paraíso.

Mi intención aquí está lejos de hacer un ejercicio apologético. Lo que busco es simplemente aclarar que la visión que tengo en este libro consiste en que el fin último del ser humano es conocer y poseer a Dios, por lo que el matrimonio se vuelve un excelente medio para alcanzar este fin.

Pero enfrentemos la realidad de las cosas. Sin duda alguna, es mucho más sencillo gozar de cualquier actividad a solas. Ver un programa de televisión, por ejemplo, es más fácil de manera solitaria que acompañada porque acordar con otra persona cuál programa van a disfrutar es añadirle complejidad al asunto. En el matrimonio, esta complejidad es aún mucho mayor, pues está presente en cada instante de la vida. Casarse es por ello un acto que complica y complejiza realmente la existencia en el sentido psicológico básico.

Sin embargo, si entendemos el matrimonio no como un estado, sino como una alianza, toda dificultad que hemos superado o que estamos por enfrentar cobra el más grande sentido. Imagínalo como el equivalente a subir una montaña gigantesca, peligrosa y compleja. No hay duda de que el esfuerzo es mayúsculo, pero una vez que llegas a la cumbre, el paisaje que tus ojos perciben es uno que en ninguna otra parte del planeta podrías contemplar. Aquellos lectores que practican el alpinismo saben bien a qué me refiero. Y ante la pregunta de qué es más fácil y conveniente, ir solo o acompañado, claramente la respuesta es la segunda, la alianza. Cuando se pretende llegar lejos, a lo alto, es más fácil hacerlo si se está en compañía de alguien.

Cuando entendemos que existe un horizonte trascendente y que de lo que se trata la existencia es de darnos cuenta de que estamos de paso y de prueba para llegar al conocimiento y la posesión de Dios, resulta muy estratégico estar acompañado de la mejor persona posible, una a la que puedas ayudar a entrar en el cielo y que, a su vez, pueda ayudarte a entrar en él. Nos dice el papa Francisco en su encíclica *Amoris Laetitia*: "El sacramento del matrimonio no es una convención social, un rito vacío o el mero signo externo de un compromiso. El sacramento es un don para la santificación y la salvación de los esposos, porque su recíproca pertenencia es representación real, mediante el signo sacramental, de la misma relación de Cristo con la Iglesia. Los esposos son por tanto el recuerdo permanente para la Iglesia de lo que acaeció en la cruz; son el uno para el otro y para los hijos, testigos de la salvación, de la que el sacramento les hace partícipes".

## Ventajas prácticas de entender el matrimonio como una alianza o un para qué trascendente

Cuando desde el noviazgo comenzamos a cultivar una vida cristocéntrica, de oración, de apego a la vida espiritual, de estudiar y acrecentar nuestra fe, las cosas pasan por un cambio drástico y absoluto. En primera instancia, un cambio de paradigma radical: los defectos de mi pareja se tornan completamente irrelevantes para el fin intrínseco de esta alianza estratégica. En efecto, para el mutuo perfeccionamiento, los defectos del otro son su propia lucha, no una fuente de imperfección para mi propia felicidad mundana. En lugar de observar la pelusa en el ojo de mi pareja, le pido que me ayude a sacar el tronco que llevo en el mío, que me ayude a combatir los defectos que me alejan de Dios. Esto hace que sus defectos me tengan sin cuidado, ya que el fin no es que la otra persona me haga feliz, sino que nos acerquemos conjuntamente a Dios.

Podemos realizar una analogía de esta alianza utilizando el tema de las empresas. Muchos de mis clientes en mi otra esfera profesional, la consultoría en comportamiento humano en las organizaciones, llevan a cabo algo conocido como *joint ventures*: alianzas estratégicas para fusionarse con otras empresas. Esto no lo hacen debido a que los directores generales sean buenos amigos o quieran pasar más tiempo juntos. Lo que buscan es formar sinergias entre las fortalezas de una y otra empresa, de modo que, por ejemplo, si una empresa tiene el canal de distribución y la otra tiene ventajas competitivas en el mercado o complementariedades en la cadena de suministro, al sumar sus fortalezas logran maximizar sus ganancias cada una en una nueva unidad. Ahora bien, ¿hacer una alianza estratégica no implica acaso una serie de dificultades inherentes? Absolutamente. Hacer una alianza estratégica entre determinadas empresas es un desastre desde una perspectiva organizacional, pero su disposición para sacrificar los propios sistemas operativos con tal de alcanzar una finalidad mayor es más fuerte que las adversidades.

El caso es exactamente el mismo en el matrimonio. No es coincidencia que a las argollas también se les conozca como alianzas. Tomando en cuenta el ejemplo de las empresas, podemos incluso ver a las argollas como representación de una alianza estratégica, aquella que persigue el máximo de los bienes posibles: el conocimiento y la posesión de Dios. De este modo, los defectos de mi pareja se vuelven irrelevantes para efectos de mi salvación. Si mi pareja comparte esta visión trascendental, entonces me habrá de pedir ayuda para que la auxilie en la mejora de sus virtudes y en el uso de sus dones. En pocas palabras, para acompañarla en el desarrollo de ser mejor persona de cara a Dios.

Cuando entendemos esta finalidad del matrimonio, comprendemos que no venimos a la vida a disfrutarla o a no sufrir, sino que se nos dio el don de la vida para amar en el presente lo más posible y no considerar al sufrimiento como el peor de los males, sino a la desesperanza. La imperfección

## Capítulo 10. Amor y fe

humana deja de asustarnos, y ocurre entonces exactamente lo contrario: abrazamos nuestras propias imperfecciones como criaturas.

Un segundo efecto de comprender la finalidad trascendental del matrimonio es la adquisición de una perspectiva permanente sobre un horizonte final perpetuo. No importa que de pronto te hayas vuelto millonario gracias a la lotería; no importa que lo hayas perdido todo, incluyendo la salud; no importa que tu pareja haya quedado infértil o que haya sufrido un accidente que la haya desfigurado, pues siempre hay un horizonte de esperanza. Contrario a una postura ingenua, cuando el lazo que nos une a nuestra pareja es Dios, siempre mantenemos un horizonte compartido inmutable.

Una tercera consecuencia es que la pareja comparte una referencia estable que brinda criterio a las múltiples decisiones de la vida cotidiana. Desde si se adquiere o no un juguete hasta el tipo de escuela a la que asistirán los hijos. La perspectiva del hombre y la mujer podrán ser diferentes y complementarias, pero bajo una misma premisa esencial: ¿cuál es el mayor bien posible para nuestra familia de cara a Dios, a lo bueno, bello y verdadero? Cuando no se comparte este criterio último, el discernimiento de la vida cotidiana se convierte inexorablemente en una lucha de poder.

Por supuesto que la percepción del bien y de la verdad es imperfecta, pero saber que lo que me une a mi pareja es un criterio trascendente y que los dos estamos dispuestos a doblarnos plenamente ante ese criterio con base en nuestra fe, en los principios del catecismo y en el deber ser le quita una complejidad innecesaria a la tarea de educar a los hijos. Ese criterio absoluto del bien nos permite a mí y a mi pareja adoptar la humildad necesaria para aceptar cuando hemos cometido algún error o cuando tenemos una manera de pensar alejada de la verdad.

El cuarto efecto positivo de comprender el fin último del matrimonio es el de tener algo más grande que nos une a mí y a mi pareja, lo cual volverá cualquier problema en uno relativo. Como lo afirmé en el capítulo sobre el noviazgo, si lo que te une a tu pareja es relativo, cualquier problema es absoluto, pero si lo que te une es absoluto, cualquier problema se vuelve relativo, aun los más complejos. Muchos consideran que una traición, como la infidelidad es la sepultura de un matrimonio. No necesariamente es así cuando se tiene puesta la mirada en lo alto, máxime si la persona que cometió el error muestra verdadero arrepentimiento y es capaz de decir con la honestidad más pura: "Señor, ten misericordia. Perdóname, esposa. Perdóname, esposo. Estoy dispuesto a hacer todo lo que haga falta para resarcir el daño y no volverlo a cometer". Aunque estas palabras suenan sencillas, implican un horizonte existencial trascendente. De hecho, el matrimonio que tiene fe es menos propenso a que le ocurran este tipo de caídas. Pero aun cuando ocurren, existe la posibilidad de la redención, del perdón y de encontrarles sentido –incluso a una traición– y darles un significado de misericordia, un significado que nos ayude a entender que la otra persona no está para satisfacer nuestra hambre afectiva de manera perfecta, sino para que caminemos juntos. Y si uno se cae, lo que sigue es ayudarlo a levantarse y continuar. Recordemos que de lo que se trata todo esto es de una alianza para llegar a Dios.

Capítulo 10. Amor y fe

La quinta consecuencia de vivir el matrimonio desde un horizonte de fe es que la pareja siempre tendrá tema de conversación. Para el matrimonio que tiene un horizonte trascendente, sin importar que apenas haya alcanzado los dos meses de casados o tenga ya cincuenta años recorridos en esta alianza, siempre hay de qué hablar. Para aquella pareja que va camino hacia la cima de la montaña, siempre hay un andar que los vincula. Desde hablar acerca de la vida de santos, de lo aprendido en el trabajo cotidiano o con los hijos de cara a la salvación, la fe otorga un tema de conversación hasta la eternidad, puesto que siempre habrá virtudes en las que tengamos que crecer, errores por los que pedir perdón y un camino de crecimiento perenne en la fe, la esperanza y la caridad.

Cuando en el matrimonio hay esperanza, la pareja se da cuenta de que el bien triunfará al fin. No importa que perdamos la salud o incluso la vida misma; siempre existe la esperanza basada en la certeza de que el bien triunfará y de que Dios será quien tenga la última palabra, no la muerte. El cristiano cuenta entonces con una fuente perpetua de alegría y felicidad aun en medio del sufrimiento, pues le encuentra el sentido a todo.

Por último, la pareja que tiene fe tiene una fuente de amor siempre viva. Para el católico, el matrimonio es un sacramento muy particular. Recordemos que, de acuerdo con el catecismo, un sacramento se define como el signo sensible –la forma física– a través del cual Dios derrama su gracia santificante. Ahora bien, en el bautismo, el agua bendecida por las manos del sacerdote y que tiene un efecto sacramental es el signo sensible. En el caso del rito de la confirmación, las manos del obispo representan ese signo sensible. En la unción de los enfermos, el aceite toma ese papel. Cada sacramento tiene su propio signo sensible. Pero en el matrimonio, contrario a lo que suele pensarse, el signo sensible no lo constituyen ni las arras ni el anillo ni nada de lo que aparentemente podría serlo. En el matrimonio es la persona misma la que se vuelve el sacramento vivo. Cuando yo le dije a mi esposa: "Prometo serte fiel en lo próspero y en lo adverso, en la salud y en la enfermedad hasta que la muerte nos separe", a partir de ese momento me convertí en el signo sensible del amor de Dios para ella. En ese instante adquirí el compromiso de luchar por personificar lo más posible el carácter que refleje el rostro de Cristo, quien la ama de manera absoluta. Me parece que sin esta visión trascendente, nuestras fuerzas humanas son incapaces de siquiera pensar bien el amor.

Nos lo recuerda Benedicto XVI en su encíclica *Deus Caritas Est*: "Es allí en la cruz, donde se puede contemplar esta verdad. Y a partir de allí se debe definir ahora lo que es el amor. Y, desde esa mirada, el cristiano encuentra la orientación de su vivir y de su amar".

## Ideas para reflexionar y poner en práctica

a) ¿Qué podría hacer hoy para crecer en mi vida espiritual?

    1. ¿Tal vez una oración?
    2. ¿Un acto de ascetismo que me permita fortalecer mi voluntad?

3. ¿Encontrar algún programa de formación que trascienda una religiosidad infantil?

b) ¿Cómo describiría actualmente mi relación con Dios?
c) ¿A quién considero que pudiera pedirle su guía para fungir como un mentor para mi crecimiento espiritual?

# Epílogo

Como suele ocurrir, uno de los libros que marcó mi vida, lo leí en la juventud. Se trataba de un texto nada clásico, y en realidad, un poco atípico para ser de esos libros que quedan en la memoria. Era un texto enfocado a realizar ciertos ejercicios de autoconocimiento para que con el marco de la psicología *gestalt* y otros marcos de referencia de la psicología del desarrollo, el lector pudiera generar mayor consciencia sobre los impactos psicológicos de la niñez en su vida adulta. Un texto por demás útil y capaz de interpelarnos.

Lo que recuerdo a la fecha, casi de memoria, no es ningún ejercicio, sino su epílogo,[1] que citaba una película de 1982, la cual no es lo relevante, sino la reflexión del autor sobre cómo reaccionó la audiencia en todo el mundo. A continuación lo cito íntegramente:

> "¡A casa, Elliott, a casa!".
>
> Millones de personas se entusiasmaron con la película *E.T.* Cuando grandes multitudes expresan tanta energía por algo, a menudo existe un profundo patrón arquetípico que fue agitado. Una escena tocó especialmente nuestro inconsciente colectivo. Cuando el abandonado E. T. murmura: "A casa, Elliott, a casa", millones de personas de todas las edades en todas las culturas lloraron.
>
> Lloramos porque todavía somos infantes divinos en el exilio. No importa cuán duro trabajemos para recuperar y proteger a

---

[1] Bradshaw, J. (1992). *Homecoming: Reclaiming and championing your inner child*. Bantam.

### Epílogo

> nuestro niño interior, de cualquier modo, existe un vacío en todos nosotros. Yo lo llamo "la tristeza metafísica" [...] No importa cuán seguros y conectados lleguemos a ser, hay un viaje tenebroso que todavía tenemos que realizar. Tan temible como es, sigue habiendo una añoranza por él dentro de todos nosotros. Porque no importa cuán completamente alcancemos nuestras metas y sueños terrenales, siempre experimentaremos una leve desilusión. Tanto así que aun después de Dante, Shakespeare y Mozart, decimos: "¿Es esto todo?".
>
> Creo que este sentido de desilusión surge porque todos tenemos otro hogar al que, colectivamente, pertenecemos. Creo que provenimos de lo más profundo del ser, y el ser nos pide que regresemos. Pienso que venimos de Dios, y todos pertenecemos a Dios. No importa cuán bien marche todo, todavía no estamos en casa. El niño herido san Agustín bien lo dijo: "Nos has hecho a tu semejanza, oh, Señor, y nuestros corazones permanecerán sin descanso hasta que ellos reposen en Ti". Finalmente, ese será nuestro verdadero regreso al hogar.

Tras más de veinte años de haberlo leído por primera vez, me sigue pareciendo un *insight* que me viene a la mente en toda actividad que ejecuto relacionada con el desarrollo humano, ya sea en el contexto de orientación de parejas en parroquias o como consultor organizacional de diversas comunidades humanas en varias partes del mundo, que, a fin de cuentas, eso son también las corporaciones multinacionales. No importa qué tan bien vaya todo, siempre tenemos esa añoranza del bien absoluto, de la belleza perfecta y de la verdad total.

Creo firmemente que no importa qué tan bien vaya tu relación de pareja, qué tan sanados, perdonados y procesados estén los conflictos del pasado, qué tan funcional sea tu relación –como diríamos los psicólogos–, siempre existe un dejo de insatisfacción.

Considero que justamente en el reconocimiento de la imperfección, que es el sello de todo lo humano, se abre la posibilidad de encontrar la plenitud. Solo mediante el ejercicio del amor como virtud, fundamentado en la fe y la esperanza, podemos ser capaces de experimentar la auténtica plenitud humana.

Si pudiera ponerle una imagen a esta plenitud, sería la de una veladora, que, para que dé luz, se tiene que desgastar y consumir. Pero al hacerlo logra justamente ser y hacer aquello para lo cual fue creada.

> Después de todo qué complicado es el amor breve
> y en cambio qué sencillo el largo amor
> digamos que éste no precisa barricadas
> contra el tiempo ni contra el destiempo
> ni se enreda en fervores a plazo fijo
>
> el amor breve aún en aquellos tramos
> en que ignora su proverbial urgencia
> siempre guarda o esconde o disimula
> semiadioses que anuncian la invasión del olvido
> en cambio el largo amor no tiene cismas
> ni soluciones de continuidad
> más bien continuidad de soluciones
>
> *Mario Benedetti, "Boda de perlas" (estrofas 1 y 2)*
> *en* La Casa y el ladrillo. *1976*

www.ingramcontent.com/pod-product-compliance
Lightning Source LLC
Chambersburg PA
CBHW051342040426
42453CB00007B/365